中国古代瓷器
研究拾零

ZHONGGUO GUDAI CIQI
YANJIU SHILING

杨君谊 ◎著

吉林出版集团股份有限公司

图书在版编目（CIP）数据

中国古代瓷器研究拾零 / 杨君谊著. -- 长春：吉林
出版集团股份有限公司, 2023.6
ISBN 978-7-5731-3766-1

Ⅰ.①中… Ⅱ.①杨… Ⅲ.①古代瓷器 – 研究 – 中国
Ⅳ.①K876.34

中国国家版本馆CIP数据核字（2023）第131757号

ZHONGGUO GUDAI CIQI YANJIU SHI LING
中国古代瓷器研究拾零

作　　者：杨君谊
责任编辑：孙琳琳
技术编辑：丁会莲
封面设计：赵永梅
开　　本：880mm×1230mm　1/32
字　　数：88千字
印　　张：5.25
版　　次：2023年6月第1版
印　　次：2023年6月第1次印刷

出　　版：吉林出版集团股份有限公司
发　　行：吉林出版集团外语教育有限公司
社　　址：长春市福祉大路5788号龙腾国际大厦B座7层
电　　话：总编办：0431-81629929
印　　刷：吉林省创美堂印刷有限公司

ISBN 978-7-5731-3766-1　　　　定　价：60.00元

目 录

一、唐宋瓷器研究

二、元明景德镇瓷器研究

三、山东淄博窑古代瓷器研究

一　唐宋瓷器研究

纪年墓出土青瓷莲花尊流布问题研究

摘要:已知出土的青瓷莲花尊,生产时间集中于南北朝至隋代。通过对不同地域出土青瓷莲花尊,在器形、贴塑纹饰、工艺技术方面进行比较,可以明确青瓷莲花尊应当是起源于南朝,南梁时期传入北朝。青瓷莲花尊作为专门明器使用,结合莲花尊生产工艺,与墓葬出土地点相近的窑口进行比较,发现青瓷莲花尊生产的具体窑址,以青瓷莲花尊流布区域对其地域性工艺特征演变与文化内涵进行探析。

关键词:纪年墓葬、流布范围、生产窑口、青瓷莲花尊

青瓷莲花尊生产窑口与地域流布范围

青瓷莲花尊为专门制作的陪葬器皿,[①]产品年代应与所在墓

---

① 刘毅:《青瓷莲花尊研究》,载中国古陶瓷研究会编《中国古陶瓷研究》第四辑,紫禁城出版社,1997,48—50页。

葬年代相近。青瓷莲花尊具有佛教题材纹饰的装饰特征，继承谷仓罐装饰的特点。在莲瓣纹装饰上，青瓷莲花尊最初是以单瓣莲瓣纹贴塑装饰。南齐之后，单瓣莲瓣纹饰变为双莲瓣，装饰工艺从单线刻划纹饰演变为模印堆塑，北朝一直沿用双莲瓣纹饰进行装饰。器形上，青瓷莲花尊在高度上逐渐变高。北朝青瓷莲花尊在继承南朝造型基础上，向挺拔清瘦造型演变。湖北武昌何家大湾出土的莲花尊，墓志记载墓主卒于南齐永明二年（484 年），为至今发现最早的具有明确纪年墓葬中所发现的莲花尊类型。[①] 与北朝封氏墓地出土的莲花尊相比，口沿略向外撇，颈部较短，莲瓣纹是以单瓣莲纹装饰。封氏墓地出土的青瓷莲花尊造型修长，莲瓣纹是以双型莲瓣纹为贴塑，下部是以单瓣莲瓣纹为仰莲装饰，工艺上比南朝青瓷莲花尊较为成熟。南朝莲花尊在桥型耳装饰上使用六耳，两组对称。其中一组为双系耳，一组为单系耳。与南朝相近窑口比较，湖北武昌何家大湾出土的青瓷莲花尊类型，胎釉结合较差，胎质松散，施化妆土，与洪州窑产品类型特征一致。封氏墓地出土的北朝莲花尊，在耳系上装饰有六组双梁系，说明北朝莲花尊是在继承南朝莲花尊类型上演变而来的。北朝生产青瓷起源于北魏，北朝具有明确纪年的青瓷莲花尊为北齐封氏墓地出土，[②] 年份为北齐河清三年。封氏墓地所出土的青瓷莲花尊釉色、胎质与北方窑

---

① 湖北省文物工作队：《一九五六年一至八月古墓葬发掘概况》，《文物参考资料》1957 年第 1 期，69—70 页。
② 张季：《河北景县封氏墓群调查记》，《考古通讯》1957 年第 3 期，28—37 页。

口类型一致，说明北魏之后，北方地区具备一定制瓷技术之后，南朝瓷器类型与装饰手段继续向北朝传播。北朝在瓷业技术发展到一定时期，也具有自身的技术体系与装饰手段。出土实物资料说明，青瓷莲花尊是最早出现于南朝，作为专门使用的陪葬器物。说明在丧葬器物上，南朝对北朝也有所影响。北朝为鲜卑族所建立的政权，北魏孝文帝改革之后，实行全面汉化，青瓷莲花尊出土于具有一定等级的北朝墓葬，表明北朝丧葬文化依然受到南朝风俗的影响。北朝莲花尊在器形与装饰特征上依然保存南朝莲花尊的基本形态，作为专门用于随葬的器物，青瓷莲花尊是在墓葬附近进行生产的，所以青瓷莲花尊在北朝范围内的出现，一方面是由于技术的传播，另一方面是受南朝丧葬观念的影响。

青瓷莲花尊的发展演变可分为三期，主要依据在于莲花尊器形高度与装饰纹饰的演变。青瓷莲花尊是以莲花、飞天、蟠龙作为装饰纹饰，反映了南北朝时期对于佛教装饰题材的运用。与谷仓罐相比，莲花尊继承了其装饰特点，运用贴塑、刻划装饰。青瓷莲花尊的器形与装饰继承南朝谷仓罐的特征。谷仓罐作为明器，在装饰手段上，采取堆塑、刻划等装饰手段。飞天等佛教文化装饰也被莲花尊所继承。与谷仓罐装饰不同的是，莲花尊主要是以刻划、贴塑为手段，器物以莲瓣纹作为的装饰。

武昌钵盂山南朝墓葬出土的青瓷莲花尊，[①] 高 43.7 厘米，口径 12.0 厘米，腹径 27.3 厘米。莲瓣纹是以单体为装饰。青瓷莲花尊在第一阶段是以单体莲瓣纹为主要贴塑手段，而在器形特征上，系钮为六纽，高度集中在 30—40 厘米之间。青瓷莲花尊生产第一期为南齐时期，以刻划纹饰为主要装饰手段，以单体阴刻单体莲瓣纹进行装饰。青瓷莲花尊生产的第二期，器形高度有所提高，集中在 55—70 厘米，莲瓣纹装饰上是以双瓣莲瓣纹为主，莲花尊作为一类专门用于随葬的器皿，已由南方地区向北方地区传播。南京麒麟门外灵山梁代大墓中所发现的青瓷莲花尊[②] 在器形上较为修长，在装饰风格上与封氏墓地所出土的四件莲花尊类型较为一致，莲瓣纹是以双瓣莲花纹为装饰，区别于武汉地区出土的莲花尊，胎质灰白胎，在胎质上与北朝地区莲花尊也有所不同。南京灵山大墓所出土的青瓷莲花尊是继承武汉地区南朝早期青瓷莲花尊的造型风格，在此基础上进行演变。南朝后期，南北地域所生产的莲花尊都是以双瓣莲花为装饰，改变单体莲瓣的造型。南京宋家埠出土的（残）青瓷莲花尊，[③] 高度与武汉何家大湾出土的莲花尊在纹饰上具有相近特征，南京宋家埠出土莲花尊类型腹部略鼓，器形低矮，两类器物应当属于南齐时期烧造。在工艺上，第一期莲花尊由于高度较低，

---

① 刘毅：《青瓷莲花尊研究》《中国古陶瓷研究》第四辑，48—50 页。
② 南京博物院：《江苏六朝青瓷》，文物出版社，1980。
③ 淄博市博物馆、淄川区文物局：《淄博和庄北朝墓葬出土青釉莲花瓷尊》，《文物》1984 年 12 期。

由轮制拉坯所一次完成。第二期是南梁时期，莲花纹青瓷尊运用分层装饰，封氏墓地与南京梁朝大墓出土的莲花尊都具有飞天、双蟠龙的贴塑纹样，应当是借鉴了南朝谷仓罐的装饰特征。封氏墓出土的青瓷莲花尊开始两件出现于墓葬之中。这一时期，青瓷莲花尊高度已经有所增高，装饰手段开始以模印贴塑为主，莲花尊制作工艺的向北传播也是南梁时期。封氏墓地所出土的4件青瓷莲花尊在造型、装饰风格、釉色上继承南梁时期南京青瓷莲花尊类型，这说明封氏墓地所出土的青瓷莲花尊是继承南梁的器形风格。在第二期，器形的增高，是由于分段接胎工艺。第三期是以淄博出土的北齐晚期至隋代的青釉莲花尊为代表，器形在继承第二期北朝风格基础上，口沿、颈部、腹部与封氏墓地出土的莲花尊造型修长的器形有所区别。在堆塑纹饰上，保留双体莲瓣纹的基础上，增加了宝相花、忍冬纹等纹饰，与北朝晚期佛教纹饰的传入有关。与纪年墓葬中隋代斛律彻墓中所出土的青瓷莲花尊纹饰较为一致。

墓葬名称	墓葬时代	出土莲花尊高度、口径、足径	备注（胎、釉）	图片
湖北武昌何家大湾墓葬	南齐永明二年（484年）	高32.8cm，口径21.1cm，足径11.8cm	莲瓣纹纹饰以刻花为主，胎釉结合疏松，器形以单瓣莲瓣纹装饰	
湖北武昌钵盂山墓葬	南朝	高43.7cm，口径12cm，足径13.8cm	釉色呈青黄釉，器形以单瓣莲瓣纹装饰	

墓葬名称	墓葬时代	出土莲花尊高度、口径、足径	备注（胎、釉）	图片
南京宋家埂墓地	南朝	（残）高 29.7cm	灰白胎、保留刻花纹饰，器形以单瓣莲瓣纹装饰	
南京灵山梁代大墓	南梁	高 85cm，口径 21.5cm，足径 20.8cm	白胎，以双瓣莲瓣纹为器形装饰	
河北景县封氏墓地	北齐河清三年（564 年）	4 件（1. 高 70cm；2. 高 63.6cm、口径 19.4cm；3. 高 55.8cm；4 高 54.4cm、口径 15.1cm）	以双瓣莲花纹贴塑作为装饰主体，装饰工艺特征较为一致	
淄博北朝晚期墓地	北朝晚期	高 59cm，口径 13.1cm，足径 16cm	四系，釉色呈青黄釉	
山西太原斛律彻墓葬	隋代	高 18.2cm，口径 6.7cm，足径 6.2cm	四系，釉色呈青黄釉	

注：图片均采自刘毅：《青瓷莲花尊研究》《中国古陶瓷研究》第四辑，48—50 页。

　　纪年墓葬中出土的青瓷莲花尊应当起源于南齐时期，为洪州窑所烧制的产品。青瓷莲花尊确为专门用于陪葬的器皿，由于莲花尊应是周围窑口所烧造，出土的墓葬也具有一定等级，故而，可以认定是专门定烧的器物。青瓷莲花尊纹饰装饰与南北朝莲瓣纹作为佛教主要纹饰在中原地区大量流行有关。淄博北朝晚期墓葬中出土的青釉莲花尊，釉色上呈青黄釉色，同出的器物中有青釉瓷碗两件，胎质、釉色特征与莲花尊一致。莲花尊与北朝晚期淄博寨里窑产品相比，在胎质、釉色、装烧工艺上具有一致性，说明淄博北朝晚期墓葬所出土的莲花尊为寨里窑所烧制。寨里窑所生产的莲花尊为青黄釉，是在烧制过程中，还原气氛不足所造成的生产缺陷。青瓷莲花尊并非是大规模生产的产品，而是用于专门随葬的器物，为定烧的陪葬器皿。所以在器形、贴塑纹样上，各地出土的莲花尊都有所区别。封氏墓地属于同一家族墓地，出土的青瓷莲花尊类型趋于一致。北齐后期，北朝的统治中心开始向山东地区转移，青瓷莲花尊作为明器使用，应当是河北、河南的莲花尊类型与工艺传入山东地区的结果。淄博寨里窑与河南、河北的青瓷窑系相比，生产工艺较为落后，只生产民间实用瓷器。青瓷莲花尊的生产是因北朝贵族向青州的迁移需要专门定制的丧葬器皿。器物装饰与之前相比也有所演变，在系纽上，寨里窑所生产的莲花尊已经变为四系，证明青瓷莲花尊具有一定的演变序列。在寨里窑调查中，发现窑址中有贴塑纹宝相花残片，说明贴塑纹饰在北朝晚期寨里窑已经开始流行。寨里窑所生产的莲花尊在贴塑装饰中，使用连珠纹、宝相花纹、双瓣莲花纹等纹饰，连珠纹是之前南京地区青瓷莲花尊与北朝封氏墓地所发现莲花尊中所没有的装饰。莲瓣纹风格也说明寨里窑生产的莲花尊器形与纹饰风格是继承北朝地域的特征，但在不同地域流布中有所演变。

青瓷莲花尊在流布地域中的起源与工艺传播

青瓷莲花尊集中生产于南朝早期至隋代,器形的起源与传播,都有一定的地域特征。青瓷莲花尊起源于长江中下游地区,依据武汉地区出土的莲花尊资料,墓主卒于南齐永明二年。通过莲花尊胎质、釉色分析,洪州窑是最初生产青瓷莲花尊的窑口。莲花尊的装饰题材是以佛教题材纹饰为主,应当是起源于南朝本土。在器形演变过程中,既保留谷仓罐装饰元素,又借鉴佛教文化中新的纹饰特征。青瓷莲花尊的基本器形是与南朝生产的青瓷瓶较为接近,纹饰上也与同时期器形纹饰较为一致。所以,青瓷莲花尊应当为本土起源,并非借鉴外来器物。莲花尊是以青瓷瓶作为器物的主体,表明南朝明器已经注重以生活器皿作为瓷器主体进行制作。在工艺传播中,莲花尊在南齐时期出现之后,由最初的刻花与贴塑工艺相结合的工艺手段,到南梁时期改变为模印贴塑装饰,器形开始由低矮向瘦长演变。南梁时期,莲花尊作为一类明器已经向北朝传播,北朝河北地区制瓷业集中在南部邺城地区,起源于北魏时期,发展至北齐具备一定的制瓷工艺基础。但与南朝相比较,北朝莲花尊高度要低于南朝莲花尊,在装饰工艺上与南梁相近。南朝出土的莲花尊都是以单件出土,而发现的北朝的则以两件莲花尊作为同一墓葬陪葬明器。北朝晚期至隋代,南方纪年墓葬中并没发现莲花尊的墓葬,而在淄博北朝晚期墓葬及隋代斛律彻墓葬中所出土的青瓷莲花尊是以四系装饰，因为隋代统治中心已由南方集中于北方，所以莲花尊的使用也转移到北方地区。青瓷莲花尊的工艺传播是南梁时期由南朝传入北朝，北朝的河北南部安阳窑传入山东地区。一方面是由于北朝对于南朝上层丧葬习俗的接受，以青瓷莲花尊作为专门陪葬的明器使用，一方面是由于统治中心的转移，青瓷莲花尊出土于有一定等级规格的墓葬，是以贵族人群的使用为主流。所以，青瓷莲花尊的工艺区别于民间实用器皿，作为专门用于陪葬使用的明器，在纹饰装饰、成型工艺方面都具备自身的工艺体系。

青瓷莲花尊地域流布表现的文化内涵

南北朝后期，青瓷莲花尊生产在器形、纹饰、工艺上南北地域也有所差别。南朝莲花尊在生产初期保留了较多的本土元素，而北朝莲花尊器形与装饰风格变化速度较快。湖北武昌南齐墓葬出土莲花尊，以佛教文化题材装饰莲花尊主体，在高度上与南朝青瓷壶较为相近，高度32.8厘米。说明青瓷莲花尊在最初是以实用器皿为主体进行设计，以佛教流行纹饰莲瓣纹、忍冬花为装饰主题，体现了南朝佛教流行的社会风尚。第二期萧梁墓葬中出土的青瓷莲花尊，高度有所增加。在贴塑纹饰上，具有飞天、熊、二龙戏珠等本土文化因素。在模印纹饰装饰上，以双瓣莲花纹为主体装饰，是佛教文化装饰因素与本土装饰因素的融合。封氏墓地出土的四件青瓷莲花尊保留了南梁时期青瓷莲花尊的装饰特征，在贴塑莲瓣纹基础上，融入了中原本土文化因素。莲花纹饰的大量使用反映了南北朝时期贵族对于佛教文化的推崇，将佛教题材装饰作为主题纹饰。青瓷莲花尊器形高度的增加，反映莲花尊逐渐与实用器皿相脱离，作为一类专门使用的明器生产与使用。青瓷莲花尊在南梁时期传入北方，应当是北朝贵族对于南朝丧葬文化的继承。南京灵山大墓出土的莲花尊类型与北齐封氏墓地出土的莲花尊在器形、纹饰、装饰手段上具有较为一致的特征。淄博发现的北朝晚期青瓷莲花尊在贴塑装饰、工艺特征上继承封氏墓地莲花尊类型基础上，具有自身工艺特征。反映了北朝后期对于佛教文化装饰因素的吸收有新的变化，在青瓷莲花尊上，主要表现为纹饰题材的演变。隋代莲花尊装饰也是继承北朝晚期莲花尊类型，但高度已有所下降。说明隋代青瓷莲花尊的制作已经与南北朝有所区别，作为明器使用的青瓷莲花尊在隋代开始趋于衰落，仅保留青瓷莲花尊的造型来制作使用。

青瓷莲花尊作为专门的随葬明器，生产地域距离墓葬较近。装饰纹饰是以佛教文化因素为主，在类型演变的不同时期，与本土装饰文化相结合。青瓷莲花尊高度的变化可以反映出在南朝萧齐时期是莲花尊的起源时期，高度较低。到南梁、北齐时期，莲花尊高度已有所增高，说明这一时期是青瓷莲花尊的制作与使用的主要阶段。隋代只是保留莲花尊装饰的基本特征，在生产与使用中已经趋于衰落。

结语

纪年墓葬中所出土的青瓷莲花尊类型，是瓷业工艺与丧葬习俗的传播，由南朝渐入北朝。装饰纹饰中首先是采用佛教文化装饰题材，之后融入本土文化装饰。青瓷莲花尊是以青瓷壶作为主体器形进行造型制作、图案装饰。青瓷莲花尊的流布地域多分布在南、北统治中心附近，由于作为专用的明器，使用人群具有一定的等级属性。青瓷莲花尊是墓葬附近窑口所产，在工艺特征上具有地域性，为本土文化图案与佛教装饰图案在南北朝至隋代时期相结合的具体表现。

"传瓶"初考

摘要：传瓶作为隋唐时期专门使用的明器，在器型、装饰以及工艺上既有起源于本土的因素又有西域文化因素的借鉴。对传瓶进行类型学研究，对传瓶的演变分期、工艺特征进行归纳。提出传瓶的折中类型，对传瓶的演变序列进行总结。对其造型起源、文化内涵提出新的观点。

关键词：传瓶、类型、生产工艺、文化内涵

"传瓶"类型与造型来源

记载传瓶的文献出处，最早见于唐代释道宣《续高僧传》，"遂讲涅槃传瓶不失于兹"①。由此，传瓶也为唐代佛教所使用的宗教用具。故宫博物院藏有一尊传瓶，器腹有文字："□保

---

① 唐释道宣《续高僧传》卷七，大正新修大藏经本。

□□、□□全上着、□待龙一龙三、谁不□对虎凤一保、答还一母在凰虎客、一乡去家"。由此，也证明传瓶应当是保佑灵魂的明器。天津艺术博物馆所藏的白釉双龙柄尊（图1）底部有墨书款识，"此传瓶，有并"，与李静训墓葬所出土的传瓶（图2）器形较为一致。李静训墓是大业四年（608）所建[①]，所出土传瓶也为纪年墓葬中时代最早。"有并"说明传瓶是两个瓶子合

图1 天津艺术博物馆藏白釉传瓶　　　　图2 李静训墓葬出土传瓶

并的器型。也说明传瓶应当具有两种类型，一类为"有并"的连腹造型。传瓶在隋代应当具有两类不同的形制，一类以单体

① 唐金裕：《西安西郊隋李静训墓发掘简报》《考古》1959年09期。

瓶身为造型基础，一类以双瓶合并形制造型为基础，但已发现的隋代传瓶均为双腹合并的器形。隋代至唐中期所出土的传瓶，传瓶的器形是以盘口、长颈、鼓腹、双龙柄所构成。传瓶的造型来源有鸡首壶演变说与西域传播说两类观点。鸡首壶演变说中，并没有使用传瓶类型的演变依据，寿州窑所生产的隋代单龙柄壶，盘口、鼓腹、平底，装饰有四系，是以隋代鸡首壶作为基本器形，但寿州窑所出土单龙柄壶（图3），并没有双龙柄的装饰，与隋代双腹传瓶有所区别。最早发现的传瓶腹部均以

图 3 寿县出土隋代单龙柄壶

双连腹的形制出现，至唐代初期出现单体传瓶。证明传瓶并非是以鸡首壶作为造型基础而产生。鸡首壶在之后是向单龙柄壶演变，唐代凤首壶为典型单龙柄壶类型。而传瓶在腹部是以双联腹的造型为主，以双龙柄作为装饰。区别于以鸡首壶为造型基础的类型演变。西域双柄银壶在口沿、双耳与传瓶均有所不同。说明传瓶最初并非是以鸡首壶与西域双柄壶作为造型基础，但在装饰上受到西域双柄瓶的影响。由此，传瓶类型是指专门用作随葬使用的明器，以盘口瓶作为造型基础，以双龙柄作为装饰，盘口、长颈、鼓腹，在使用范围上通行于皇室与上层贵族。传瓶的造型来源应当为在本土盘口瓶（图4）的基础上产生，因为盘口瓶在盘口、颈部、腹部均与传瓶类型特征相一致。双腹传瓶是以隋代盘口瓶作为基本造型，两类盘口瓶腹部合并。而双龙柄应当是借鉴西域金属双柄瓶的类型，本土并没有双龙柄器物的形制。北朝以来，中原与西域诸国来往较为密切，西域金属器皿的器型与装饰特征也影响中原地区瓷器的造型设计与装饰特征。传瓶的是以本土的盘

图 4 故宫博物院藏隋代盘口瓶

口瓶造型为基础，借鉴西域双银柄壶的特征。传瓶作为一类专门使用的明器，应当是本土盘口瓶与西域双柄银壶特征的结合。传瓶出现于隋代，与通过陆路与西方交往的文化传播有一定联系。

传瓶类型与分期

隋代白釉传瓶分为2式，Ⅰ式以李静训墓出土传瓶为标准，高盘口、弦纹颈、双腹、腹部略鼓。Ⅱ式是以天津博物馆所藏传瓶为标准，低盘口、口部微撇、颈部较长、腹部较第一期略鼓。唐代青釉传瓶类型演变可分为2型3式。Ⅰ型主要继承隋代双腹传瓶的类型，可分为2式。Ⅰ式高盘口、长颈、鼓腹、底足外撇。颈部、腹部均装饰有旋纹。以釉陶作为传瓶的类型生产已经出现（图6），传瓶腹部装饰连珠纹、覆莲纹等纹饰。Ⅱ式，盘口外撇，长颈、双腹、腹部区别于Ⅰ式，两腹已经合并。装

图 5 唐恭陵出土蓝釉传瓶　　　图 6 社科院洛阳考古所藏绿釉传瓶

饰有胡人头像、龙纹等纹饰。2型是以单体传瓶为类型,依据所出土纪年墓葬的年代进行排序。2型主要是以单体盘口瓶为主体,Ⅰ式李凤墓中出土两件传瓶,唐初传瓶已经在墓葬之中两只出现。盘口外撇、短颈,腹部微鼓,龙柄略有弯曲,与双腹传瓶类型已经有所区别。Ⅲ式为盘口、长颈、双龙柄,但高度已经有所增加,高51厘米。说明在唐高宗之后,对于传瓶在墓葬中的陪葬地位所有提高。三彩传瓶也可以分为2式,Ⅰ式是以盘口、短颈、鼓腹为器型特征,唐恭陵哀皇后的陵寝出土的蓝釉传瓶(图5)为代表^①,继承早期青釉传瓶的造型特征。Ⅱ式是以盘口、短颈、腹部略鼓、平底,腹部比Ⅰ式略鼓,施釉不到底。

第一期是以双连腹型传瓶为主要类型,时代为隋代中期。其中,李静训墓中出土的白釉传瓶盘口、双直形龙柄、颈部与腹部均装饰有旋纹,器体有失釉现象。与隋代盘口瓶相比,白釉传瓶的双系装饰已经被省略,已经向明器发展,失去实用器皿的功能。说明隋代传瓶作为一类专门用于明器的类型已经独立出来。第二期传瓶,主要存在于隋代晚期至唐初。其中具有折中类型的传瓶产品,以双腹器形作为造型基础,但双体器形之间不再分离,作为向单体传瓶演变的过渡类型。联体双龙柄壶盘口、口沿外撇、颈部无弦纹纹饰,改变之前的龙柄壶颈部装饰有弦纹的特征。双龙柄已由隋代直柄形制向曲柄演变,唐代

① 郭洪涛:《唐恭陵哀皇后墓部分出土文物》《文物》2002年04期。

双龙柄壶是以曲柄作为装饰，说明双龙柄壶在唐代是在隋代联体龙柄壶造型的基础上演变而来。第三期是以唐高宗上元二年李凤墓葬所出土的传瓶为代表[①]，为纪年墓葬中发现最早的单体传瓶。唐代双龙柄壶主要发现青釉、白釉、三彩三种类型，三彩在唐代作为明器陶器的专门类型，在使用属性上具有一定的等级性。由此，佐证传瓶在隋代中期发展至唐中期，都是作为专门的明器使用。传瓶通常是出土于具有一定规格的墓葬之中，具有一定的身份等级的象征意义。中国社科院洛阳考古所收藏的绿釉传瓶是在隋代白釉传瓶基础之上，增加了莲瓣纹、连珠纹等纹饰，绿釉传瓶是以白陶为胎的低温釉陶，属于唐三彩类型。证明唐初传瓶是以隋代双腹型传瓶作为造型基础，唐初传瓶已经重视具体的装饰手段，在传瓶腹部进行贴塑纹装饰。但隋代的双腹传瓶并无贴塑纹装饰，在折中传瓶类型中，开始使用堆贴纹饰，也使用胡人头像等西域造型作为装饰，说明传瓶在造型、纹饰上受到西域胡瓶的影响。社科院洛阳考古所所藏的陶制绿釉双龙柄壶，双联体分开，堆贴纹饰的装饰中，运用莲瓣纹、连珠纹等纹饰。佛教文化的装饰纹饰，在隋代明器上的使用也是继承之前的明器造型装饰特征。

传瓶生产的主要区域集中于北方地区，生产窑口集中于河南、河北地区。所发现随葬传瓶墓葬多为皇室墓葬，证明传瓶具有

---

① 富平县文化馆，陕西省博物馆，文物管理委员会：《唐李凤墓发掘简报》《考古》1977 年 09 期。

一定的墓葬使用等级。在第二期、第三期传瓶的装饰手段趋于复杂，以堆塑、刻划的手段进行传瓶颈部、腹部的装饰。生产传瓶的窑口为隋唐时期的重要制瓷区域。发现的隋代白釉传瓶，白瓷在隋代发展成熟，是进贡皇室的瓷器品种。发现的蓝釉传瓶为唐三彩中重要的产品，蓝釉是由钴作为着色剂，唐初传瓶是以三彩中贵重的釉料作为装饰，由此，佐证传瓶也为专供隋唐贵族所使用的明器。唐初继承了隋代的随葬制度，而传瓶作为专门使用的明器也有所继承。而在唐中宗之后，传瓶在墓葬中的使用趋于消失。应当与唐初随葬制度有关，传瓶作为唐初贵族所使用的专门随葬器物，具有一定的使用等级范围。传瓶是以隋唐时期的盘口瓶为造型基础，而唐初之后，盘口瓶也逐渐消失。传瓶以盘口瓶实用器皿作为造型基础，在器形的变化上也受到盘口瓶类型演变的影响。传瓶的生产时代集中于隋代至唐代中期，是专门用于陪葬的明器，釉色以白釉为主，应当生产于河北邢窑。唐代宋祯墓随葬传瓶是纪年墓葬中发现时代最晚的一件，为神龙二年（706 年）。由此，传瓶生产的上限应为隋代中期，下限为武则天时期，所生产的窑口集中于北方窑系，集中生产于河北、河南地区窑口，这些窑口是为皇室制作瓷器的御供窑口。

传瓶的生产地域与文化内涵

传瓶在隋代至唐高宗时期，基本是以青釉、白釉两类型为主要品种。发现的双腹传瓶均出土于皇室墓葬，说明传瓶在使用之初，仅存在于皇室墓葬。而高宗之后，唐三彩作为一类专门使用的明器开始流行，在皇室以及官员墓葬之中都已有所发现，说明传瓶的使用等级范围开始下移。但在传瓶釉色类型上，皇室与一般官员陪葬使用有所不同。隋代应当是具有双腹传瓶与单体传瓶两种类型，在唐代向单体传壶演变。唐三彩产生之后，青瓷、白瓷的传瓶类型逐渐减少，说明唐三彩作为专门制作明器的陶器类型，传瓶的制作基本是三彩工艺制作。

传瓶作为专门制作的明器，在陪葬中具有专门的地位，而隋代至唐高宗时期，皇室墓葬发现的传瓶为白瓷类型。唐初期贵族墓葬制度应是继承隋代的制度，而传瓶在墓葬中的继续使用也证明了这一点。隋代皇室墓葬中，白瓷的出现，也说明隋代已经有白瓷进贡宫廷。传瓶作为皇室专门使用的陪葬用具，应当是通过专门的窑口所定烧的器物。传瓶所生产的具体窑口是以西安、洛阳周围窑口为中心，西安、洛阳在隋唐时期为京畿地区，贵族墓葬也在两地集中分布，所以传瓶应当是在京都附近窑口烧制之物。而在其他地域窑口之中并无发现，说明传瓶是为北方贵族所使用的专门陪葬明器。隋代传瓶仅发现白瓷类型，在器形上具有统一的特征，应当是隋唐时期，宫廷向民间窑厂定烧之器。三彩明器的使用在唐代具有明确的规定，但在三彩明器出现之后，白釉、青釉传瓶类型已经消失，可见，传瓶是专门作为明器被制作的器物，使用阶层也由皇室阶层扩大到上层官僚。三彩传瓶上装饰有宝相花等佛教题材的纹饰，与唐初佛教在上层贵族中的传播具有重要关系。传瓶是由宫廷专门定烧之器，也作为民间窑厂向宫廷进贡的器皿。传瓶与佛教用器相关，而器形应当是由本土起源，与隋唐丧葬器皿使用佛教装饰因素有关。

传瓶作为一类专门用于贵族所使用的陪葬明器，与佛教文化在隋唐时期的传播具有重要关系，传瓶的造型、装饰借鉴于西域器物造型。在纹饰装饰中也吸收了大量的佛教装饰题材。传瓶作为贵族所使用的明器，可见，佛教文化对于隋唐陪葬制度具有一定的影响。体现在传瓶腹部的铭文："□保□□、□□全上着、□待龙一龙三、谁不□对虎凤一保、答还一母在凰虎客、一乡去家"。将龙柄装饰在传瓶之上，说明龙纹在墓葬之中具有镇墓的作用，是专门用于镇墓，保佑灵魂的专用明器。

结语

传瓶是流行于隋唐之际供贵族使用的明器，在形制上发源于本土的盘口瓶，并借鉴西域双柄银壶的装饰特征。在随葬明器的使用中具有一定的等级规范，在类型演变中，与本土工艺结合，是隋代至唐代中期的一种陶瓷明器类型。在装饰上，唐代大量借鉴佛教文化题材，与隋唐时期的陪葬风俗一致。传瓶是一类专门用于贵族陪葬，具有文化表象作用的明器类型。

五代时期南方白瓷起源考辨

摘要：通过南方白瓷产生的工艺基础、发展源流，结合五代时期社会变迁，以及南方生活习俗、审美方式的渐变，探析白瓷于南方地区的起源因素。分析南方白瓷自成体系的社会原因以及对后世制瓷业影响。

关键词：南青北白　南北地域　青瓷　白瓷

唐代制瓷面貌与白瓷南传基础

"南青北白"为唐代制瓷业的高度总结，具体内涵是指南北地域不同所造成的制瓷工艺差异。唐代北方地区以白瓷作为主要生产对象，而南方却以生产青瓷为主，形成南北瓷业相对的局面。从对历史文献与考古资料的研究中，发现"南青北白"概念并不能完全概括唐代制瓷业的整体水平。"南青北白"是以唐代南北地域的不同解释制瓷工艺，反映唐代北方是以白瓷生产使用为主，而南方地区却以青瓷为主要生产与使用对象。内涵主要是指工艺技术与审美习惯南北地域的差异。后人对唐代中期之后制瓷史的总结，主要是依据所使用的主流产品进行瓷业系统划分，划分的标准是工艺与地域的不同。后世却依据文献选取唐代瓷业类型，并以越窑、邢窑为代表进行唐代瓷业的总体评价。唐代制瓷业的发展，在唐早期是以青瓷为国内主流使用产品；至唐中期之后，在国内青瓷、白瓷都为使用的主流产品。中期之后，北方地区也大量生产青瓷产品。晚唐，北方地区主要生产青瓷的窑口大量增加，改变了唐中期主要生产白瓷的现状。唐代"南青北白"的局面只存在于唐中期至晚唐时期，并不能涵盖整个唐代制瓷史。再有，唐中期之后，白瓷也逐渐在南方地区开始生产，并不以南北地域不同区分制瓷系统，所以后世以南青北白的观念概括唐代制瓷业发展有所偏颇。

青瓷发展至唐代，工艺技术早已成熟，白瓷是在青瓷工艺基础上，控制胎土、釉料的铁元素含量而形成的。两类主要区别在釉色表现上，青瓷多偏于青色，而白瓷则胎釉呈白色。白瓷最早起源于北方地区，北齐范粹墓中出土白釉绿彩器物[①]，为白瓷起源的实物资料，白瓷至隋代已发展成熟。唐代早期，由于北方地区具有白瓷生产传统，白瓷工艺进一步发展。河北邢窑、河南密县窑、安阳窑都进行白瓷的生产。而南方地域并无发现唐早期制作白瓷器皿的具体窑口。故而，在唐以前白瓷于北方生产与使用较为广泛。唐初北方区域，瓷窑生产白瓷的同时，也生产大量的青瓷、黑瓷产品。相较于白瓷产品数量而言，其

---

① 河南省博物馆：《河南安阳北齐范粹墓发掘简报》，《文物》1972 年第 1 期

他釉色类型也占有相当大的比例，河北内丘窑在地层中发现有唐早期白瓷、青瓷并存的情况。青瓷与白瓷的主要区别体现在釉色表现，青瓷由于含铁量较高，而呈现出青绿色。早期白瓷多发现于贵族墓葬，隋唐时期，贵族多集中于北方。隋唐时期宫廷贵族的瓷器使用由民间窑厂所供应，实行民间贡瓷制度。也证明白瓷最早为贵族所使用，体现了上层社会的审美风尚，但在北方民间社会，青瓷与其他类型瓷器使用依然广泛。唐代陆羽《茶经》："碗：碗，越州上，鼎州次，婺州次，岳州次，寿州、洪州次。或者以邢州处越州上，殊为不然。若邢瓷类银，越瓷类玉，邢不如越一也；若邢瓷类雪，则越瓷类冰，邢不如越二也；邢瓷白而茶色丹，越瓷青而茶色绿，邢不如越三也。"[①]

图1 唐代秘色瓷花口盘，法门寺地宫出土

图2 唐代邢窑双鱼壶瓶 河北博物馆藏

陆羽主要生活时期在开元以后，《茶经》以饮茶器具的标准对

---

① 唐陆羽 《茶经》卷下《七之事》转引《广陵耆老传》,（宋）左圭辑《百川学海本》

邢瓷与越瓷进行对比，虽有作者主观偏好，但也反映唐代中期，文人更喜爱使用青瓷。扶风县法门寺塔唐代地宫，发掘出13件越窑青瓷器，作为宫廷用瓷贡品，这批瓷器的确是越窑青瓷精品。作为礼佛器物，宫廷选用越窑青瓷，也可证实在唐中期青瓷在饮茶器皿中比白瓷要上乘。结合陆羽的观点，可见在饮茶器具中，青瓷确实比白瓷更加适用。与白瓷相比，青瓷符合社会审美与使用标准，所以不会将青瓷与白瓷相比较。唐代，北方地区也大量使用青瓷作品，说明唐代社会对于瓷器釉色的偏爱并无地域限制。在宫廷用瓷中，越窑与邢窑都作为御供窑，承担宫廷制瓷的任务。"南青北白"观念在唐代并不存在，因为青瓷的使用条件与范围超过白瓷。"南青北白"的观念应为后世所总结，具体指在唐代南北方所形成的工艺不同的两大制瓷系统，并不是唐代区域的用瓷差别与审美观的不同。唐代制瓷业的"南青北白"观，虽为后世所总结，但以此将唐代制瓷业整体概括实为不妥。唐代瓷业形成"南青北白"局面的因素，一为北方白瓷工艺逐渐成熟，二为青瓷与白瓷在国内使用普遍流行，地域传播广泛。但在南方墓葬中并未发现唐代早期白瓷实物，唐中期之后，白瓷在南方墓葬中才偶有发现。李肇《国史补》："内丘白瓷瓯……天下无贵贱通用之。"[①] 李肇主要生活于唐代宪宗时期，邢窑白瓷已在国内普遍流行，证明"南青北白"观所反

---

① 唐李肇. 国史补. 上海：上海古籍出版社，1983.

映时代上限应为开元以后。由于技术的传播，南方也开始制作白瓷器皿，杜甫《又于韦处乞大邑瓷碗》诗："大邑烧瓷轻且坚，扣如哀玉锦城传，君家白碗胜霜雪，急送茅斋也可怜。"说明唐代中期南方大邑窑也制作质量上乘的白瓷作品，白瓷生产不再局限于北方地域范围。唐代晚期，北方耀州窑开始大量生产青瓷器，改变了开元以来北方地区以白瓷为主要生产对象的局面。发展至唐晚期，南北方都大量生产青瓷、白瓷产品，所以，南青北白所反映的应为开元之后制瓷业史实。唐代早期北方白

图 3 五代景德镇湖田窑白瓷　　　　图 4 北宋繁昌窑白瓷钵　繁昌县博物馆藏

瓷工艺在成熟基础上大量烧制，产品在北方范围内大量流行，而技术与审美习惯是经过较长时间由北向南逐渐传播，至唐中期形成青瓷、白瓷在国内大量流行的局面。

唐代白瓷工艺南传与南方白瓷系统形成

白瓷的南传在唐代杜甫《又于韦处乞大邑瓷碗》中有所体现："大邑烧瓷轻且坚，扣如哀玉锦城传，君家白碗胜霜雪，急送茅斋也可怜。"但至今尚未发现大邑窑产品与具体窑址，根据文献记载，下文可以作为大邑窑存在的几点依据。"又于韦处乞大邑瓷碗""大邑县属邛州咸亨二年，析益州之晋原置。"证明大邑在唐代属于四川管辖，并且确实生产陶瓷器皿。而在南方，唐代饮茶风尚早已流行，白瓷比较青瓷，并不适合作为饮茶器皿。通过考古资料与文献研究，发现唐中期之前南方墓葬中少有白瓷器物出现，证明白瓷在唐代中期之前于南方地域较少流行，这与南方饮茶风尚有极大关系。唐中期以前北方饮茶并不作为一类流行的风尚。《封氏闻见记》卷六："茶……南人好饮之，北人初不多饮。开元中，泰山灵岩寺有降魔师，大兴禅教，学禅务于不寐，又不夕食，皆许其饮茶。人自怀挟，到处煮饮。从此转相仿效，遂成风俗。"可见开元之前，饮茶之风尚未普及至北方。而在南方，饮茶之风早已流行，而青瓷更适合作为饮茶器皿使用，故而白瓷在南方流传不多。北方青瓷虽早已使用，由于北方地区并未形成饮茶风尚，所以青瓷饮茶器具较少。唐中期之后，饮茶之风向北方传播，需要大量的饮茶工具。南方的青瓷大量输入至北方地区，而北方也生产大量的青瓷产品。青瓷与白瓷在开元之后的普遍使用，使其传播范围扩大。四川大邑窑白瓷工艺在唐中期之后得以发展，源于北方的制瓷工艺，可见北方饮食习俗与审美文化对白瓷在南方区域的使用起到推动作用。唐代西域银器工艺大量传入中原，宫廷贵族也大量使用，而白瓷类银釉色为仿银器的具体特征。唐代政治经济中心尚在北方，故而，白瓷在北方区域较为普遍。唐中期之后，白瓷的生产地域与使用范围都得到扩大。由于战争所导致的人口迁移也为南、北地域文化传播起到重要作用。青瓷与白瓷在国内同时流行阶段为唐中期之后，与技术传播和人口迁移有重要关系。开元时期，安史之乱爆发，北方居民大量迁至南方，也将北方制瓷技术，审美习惯、生活习俗进行传播。"函陕凋残，东周尤甚，过宜阳、熊耳至武牢、成皋，五百里中，编户千余而已……"[①] 安史之乱对于北方农业经济的破坏，使人口大量南迁，将白瓷技术带至南方地区。至此，南方地区也开始白瓷的制作。由于实物资料的缺乏，大邑窑仅从文献中明确出处，但作为因移民所导致的白瓷窑口，也可以将之作为南方白瓷起源的重要发端。

南方早期烧制白瓷的窑口有江西景德镇窑、赣州窑、吉州窑、安徽繁昌窑、泾县晏公窑、武昌青山窑，说明五代时期，南方地区已形成生产白瓷的地域系统。南方白瓷是在继承北方白瓷工艺基础上进行发展，以湖田窑与繁昌窑所出土的唇口盏为例，器型继承五代北方白瓷唇口盏造型风格，控制胎釉中铁元素含

---

① 《旧唐书》卷123《刘晏传》

量，证明南方白瓷工艺是北方白瓷工艺传播的结果。五代时期南方诸窑口大量生产青白瓷产品，青白瓷在釉色表现上介于白瓷与青瓷之间。五代青白瓷出现也是北方白瓷技术南传的表现，在原有青瓷工艺基础上，改变胎釉配方，减少铁元素的含量，是青白瓷产生的工艺基础。五代以来，以煮茶为主的饮茶方式逐渐衰退，而斗茶的形式逐渐流行。斗茶区别于煮茶，斗茶使用青瓷器皿不便观察茶色，故而，五代白瓷的出现，也是为适应饮茶方式的改变而产生。五代时期，白瓷的产地集中于江西、安徽境内，窑口呈散点分布。可见南方白瓷系统的形成并非相互影响，而是来源于北方制瓷技术。五代时期南方白瓷工艺与北方地区区别较大，以景德镇窑白瓷为例。胎釉结合尚未紧密，常常伴有开片现象，釉色白中略有泛青。相比较北方邢窑白瓷，在釉色以及产品质量上均区别较大，但五代白瓷作为南方白瓷的开端，表明白瓷已经由北向南进行传播，进而改变南方青瓷生产的单一结构。

结语

南方白瓷工艺主要是借鉴北方白瓷技术而形成，北方制瓷业于五代之前已形成成熟的工艺技术，可以充分控制胎釉之中铁的含量。五代时期北方移民将北方制瓷技术传播至南方，促进了白瓷于南方区域的发展。传至南方之后，南方白瓷的早期产品在釉色成分控制上有不足，使得白中泛青的白瓷产品常出现，从而形成了新的青白瓷类型。南方白瓷在五代时期形成之后，受到审美习俗、生活方式等多重影响，形成自身发展体系，对南方制瓷业影响深远。

柴窑研究释考

摘要：柴窑由于既无传世实物，也没有发现具体的窑址，关于器物特征以及定名、属性一直是考古界难以探索的问题，本文结合历史文献有关柴窑的记载，从其文献描述、考古资料等方面对柴窑进行论证，并提出解决柴窑问题的几点思路，以从不同的角度去研究柴窑的问题。

关键词：古代文献、陶瓷考古、柴窑性质

关于"柴窑"定义考证

关于"柴窑"一词的最早出处是在明代洪武年间曹昭的《格古要论》一书中，"柴窑出北地，世传柴世宗时烧者，故谓之柴窑"，《格古要论》对古时的瓷窑分门别类的进行记录，包括产地、性质、产品特征等，但其中有些条目的记述并不十分明确。在柴窑记述中以"世传"来定义柴窑，说明在明初之前就有柴窑的称谓，柴窑的定义并不始出于《格古要论》，而是引用先前的说法。在描述柴窑这段话中，首先说明了柴窑的大体方位，"出北地"。"北地"一词有两种涵义。一种是地域名称，是指一个具体的

行政区域。另一种是方位名称，是指北方，或者是某地的北面。如果柴窑是产自北地这一具体行政区域，那就比较复杂了，自秦代一直到唐代，北地郡所管辖的范围是不一致的，《格古要论》记载的北地不知是指的何时的行政区域。查阅明代天顺版《格古要论》，在"汝器条"发现，"出北地，宋时烧者淡青色。"现在，汝窑窑址的具体位置已经发现，位于宝丰县清凉寺村，在宋代属于汝州管辖。但在各时期北地郡所辖范围内，并没有包括北宋时期汝州的区域，所以，北地并不是指一个专门的区域名称，而是指北方或特定的北面。再者，北宋晚期距明代初期相对时间较短，故而，曹昭的记载也相对可靠。笔者认为后周正处于五代末期，南方尚未统一，后周的统治范围尚在北方。南方的瓷器不便运往北方，而在北方，隋唐时期制瓷业的繁荣，为五代制瓷业建立了良好的技术基础，故而，"北地"之说当指相对于南方而言的广大北方地区。

"世传柴世宗时烧者，故谓之柴窑。"曹昭对这一记载曰为世传，可见在明初对柴窑定义并没有比较明确的文献记载。参照唐、宋时期的各大名窑的定名方法，一般是以窑址所在的地域而命名，如汝窑、钧窑。或以瓷窑的所属关系而命名，如北宋官窑。但在唐、宋时期，以皇帝之名所命名的瓷窑只存在柴窑一处孤例。在唐、宋之际，对皇帝的姓名避讳是非常严格的，在北宋时期赵氏对柴氏也十分尊重，以柴世宗的名讳来命名瓷窑，在北宋时期不太可能，柴窑此名应是后朝人所附加的，并且最早出于明初的著作，其可考性大为降低。

在古代文献对于柴窑实物的描述中，以"天青色，滋润细媚，有细纹，多足粗黄土，近世少见"进行概括。曹昭并未见过柴窑实物，而是以"世传"的口头文书描写"柴窑"特点。在其古窑器论中，对古窑的描写十分简略，对于其地域、属性并无细加介绍。故仅凭《格古要论》之中的记载，并不能完全解释柴窑的定义。成书晚于《格古要论》，为官方所编写的《宣德鼎彝谱》一书记载："内库所藏，柴汝官哥钧定各窑器皿，款式典雅者，写图进置，其柴汝官哥钧中，并选二十九中。"但目前来看《宣德鼎彝谱》一书并不可靠。

当代许多专家坚持"景德镇窑"就是柴窑的论点，论据有以下几点：第一，古代文献对柴窑外观的描述。文震亨的《长物志》记载："柴窑最贵，世不一见……青如天，明如镜，薄如纸、声如磬"，比较符合景德镇影青瓷的主要特征。其实，这只是对柴窑品质的一种夸赞，其中也或许有溢美之词，其实在文震亨所处的明代，有许多瓷器品类都可以此进行描述。第二，清代蓝浦、郑廷桂在《景德镇陶录》一书中也说柴窑瓷："滋润细媚，有细纹，制精色异"，为诸窑之冠，这也仅仅是对柴窑的一种描绘。再者，蓝浦生活在雍乾时期，当时宫廷内府尚未有传世器物，他又从哪处得见。在《格古要论》中，有明确的古饶器条目解释，记载有当时景德镇所生产的青白瓷器，区别于柴窑条目，两者并不关联。

柴窑属性的探析

在唐、宋之际，瓷窑的性质是由它的归属所决定的，分类为民窑、御贡窑、官窑三种类型。民窑是民间的瓷器窑口，生产及其所使用的对象是民间百姓。故柴窑的性质只能为御贡窑或官窑。御贡窑的性质本身为民窑。官府定期向民窑摊派任务，民窑负责烧造并提供产品，在唐、宋之际形成御贡窑制度。当代学者提出了陕西耀州窑或为柴窑的推断，因耀州窑在五代时期是北方最为著名的青瓷窑系，产品质量已属上乘，在五代晚期发现过带有"官"字款的器物，参照明清文献对"柴窑"的描述，推断出柴窑属于耀州窑的看法。笔者认为此种推断未免过于偏颇。首先，柴窑并无传世器物存在，这就不具备"标准器"的实物资料。陶瓷考古发现中，也未发现就有明确记载的柴窑瓷器。柴窑是否从属于耀州窑系，尚待进一步考证。第二种推断柴窑为官窑系统，官窑是由政府出资，产品完全归宫廷所支配。最早的官窑出现于北宋晚期。参照北宋汝窑的例子，汝窑当属官窑。考古资料表明，汝窑的窑厂规模并不大，生产的瓷器数量是有限的，所以，柴窑为后周的官窑也是有可能的。御贡窑和官窑瓷器的生产与皇帝与宫廷审美的需求密不可分。历史文献对柴窑的建立解释为柴世宗的个人喜好或为宫廷摊派。

关于历史文献对柴窑瓷器的描述，在明清时期文献记载中较为一致。但明清学者并无见过柴窑的实物。在《遵生八笺》中，青如天、明如镜、薄如纸、声如磬，这是柴窑特征的描写。在关于柴窑特征的描写上，明代以来的文献，多是以釉色轻盈，釉色润泽为主，都基本延续着《格古要论》的说法演绎，在明清之际，并没有传世柴窑实物的收藏与著录，可见这时期的记载也多为作者主观评论，不足为据。

横纵向比较研究

柴窑的定名及属性并不同于同一时期的瓷窑系统，比较五代宫廷用瓷品种，为柴窑研究提供新的依据。秘色瓷为晚唐至北宋初期宫廷用瓷，在法门寺地宫中的实物资料发现之前，并不清楚秘色瓷的特征。秘色瓷是越窑所生产，但在釉色、器型方面区别于其他产品。柴窑如果为北方瓷窑系统的作品，参照文献记载，其器型、釉色应当区别于系统内的其他器物，具有特殊性。唐初至五代，宫廷用瓷多带有"官""新官"等印记，是瓷器属性的一个特点。在柴窑研究中，参照印记进行判断。柴窑既是御贡窑或官窑性质，也具有五代时期的时代特征。以具有印记的考古资料比照传世文献研究，分析柴窑的归属与特征。柴窑的建立需要具备技术条件与审美需求，以《格古要论》记载，柴窑产生于北方，五代至北宋时期，御贡窑与官窑都是建立在具体窑系制瓷工艺的基础上。在装烧工艺、釉色、装饰手法上都沿用窑系传统的技术。故而，对于柴窑的研究，虽未发现具体的窑址，但对于五代时期北方窑系产品的时代特征与历史文献结合进行研究，探析柴窑建立的基础条件。柴窑既是后周世宗时期烧造，后周世宗在位六年，柴窑的工艺技术较高，并且后世以周世宗的名讳进行定名。可见柴窑是在周世宗统治时期为宫廷专门烧造瓷器的具体窑口，从属于五代时期的北方具体窑系。但在产品特征、属性、使用范围方面有所不同，所以将柴窑定性为耀州窑的说法是值得商榷的。《格古要论》之后，明清文献多沿用此说法对柴窑进行描述，其中也有关于柴窑实物著录的。《天水冰山录》记述查没严嵩家产账目，其中有柴窑碎磁盆五个，柴窑碎磁碗二个，但与明代文献所记录的柴窑特征相比，柴窑并不是以开片纹为主要装饰，还是以本身的釉色为美。在明清文献中，认为柴窑是为周世宗所烧，符合其审美要求，而对其起源、器物特征、分布位置并无记述。描述文字并无引用古代典籍，研究价值不大。

柴窑美学依据研究

柴窑美学研究要结合五代时期瓷器技艺，陶瓷技术是审美理念的表现。五代时期北方瓷窑系统是以白瓷为代表。但在唐中期之后，多推崇青瓷之美。陆羽《茶经》记载："若邢瓷类银，越瓷类玉，邢不如越一也；若邢瓷类雪，则越瓷类冰，邢不如越二也；邢瓷白而茶色丹，越瓷青而茶色绿，邢不如越三也。"表明唐中期之后瓷器的主流审美理念推崇青瓷器皿。明中期由王佐增补的《新增格古要论》记载有："柴窑器出北地河南郑州。世传周世宗姓柴氏时所烧者，故谓之柴窑。天青色，滋润细腻，有细纹，多是粗黄土足，近世少见。"结合柴窑特征的描述，证明柴窑为五代后期北方青瓷窑口，在釉色装饰上追求天青色调。明代谢肇淛的《五杂俎》，是古代文人笔记小说中第一部记载"所司清其色"和柴世宗"御批"的古文献。书中记有："陶器柴窑最古，今人得其碎片，亦与金翠同价矣。盖色既鲜碧，而质复莹薄，可以装饰玩具；而成器者，杳不可复见矣。世传柴世宗时烧造，所司清其色，御批云：'雨过青天云破处，这般颜色做将来。'"可见柴窑的美学设计是周世宗的审美需求体现，在釉色、器型方面与北方传统青瓷美学形成对比。相对五代北方青瓷，柴窑更注重釉色装饰，而刻花、印花等繁缛纹饰手段较少，追求釉色的装饰美。在美学表现上既继承北方青瓷的基础，也有柴窑装饰个性的特征。

通过关于柴窑定义、属性及美学研究，横纵向比较柴窑研究问题，分析柴窑的设立条件及演变规律。认清历来柴窑研究问题的来龙去脉，为今后柴窑的学术研究提供探究性方法与借鉴。

"哥窑"概念与"哥窑"类型考

摘要:"哥窑"概念自元代产生以来,不同时期概念有所改变,而哥窑所对应的产品类型也有所不同。以传世哥窑类型与出土哥窑类型为基本资料,结合哥窑文献,对哥窑的概念所指演变,生产年代、以及类型特征进行归纳,对"哥窑"概念与不同阶段对应的产品类型进行考证。

关键词:哥窑、哥哥洞窑、产品类型

"哥窑"文献记载与类型特征

关于哥窑记载的文献最早为元代孔齐的《至正直记》,成书于 1362 年。"乙未冬,在杭州时市哥哥洞窑器者一香鼎,质细虽新其色莹润如旧造。识者犹疑之,会荆溪王德翁亦云:近日哥哥窑绝类古官窑,不可不细辨也。今在庆元见一寻常青器菜盆,

质虽粗，其色亦如旧窑，不过街市所货下等低物使其质更加以细腻，兼以岁久则乱真矣。予然后知定器、官窑之不足为珍玩也，所可珍者真是美玉为然记。"[①]《至正直记》所记述的"哥哥窑""哥哥洞窑"所生产的产品类型是"绝类古官窑"。古官窑所指，应当为南宋官窑。南宋直到元代时期瓷器类型上，与南宋官窑相近的窑口产品，有龙泉窑与哥窑两类。龙泉窑对南宋官窑产品的仿烧是在南宋时期，而此处文献所指近日哥哥窑，是指元代哥哥窑产品具有类似南宋官窑的特征。可见，哥哥窑与龙泉窑应是两类不同的具体窑口，元代哥哥窑是在南宋官窑工艺技术上进行瓷业生产。《格古要论》是洪武时期曹昭编著的古器物专著。其中："旧哥哥窑出色青，浓淡不一，亦有铁足紫口。色好者类董窑，今亦少有。成群队者是元末新烧，土脉粗燥色亦不好。"[②]文献中也是以"哥哥窑"作为元代具有铁足紫口一类产品类型的产地，说明哥哥洞窑类型在元末已经开始进行大规模烧造，在胎质、釉色上都比"旧哥哥窑"质量较差。"旧哥哥窑"应该为南宋之后，继续进行瓷业生产的具体窑口，哥哥窑的生产下限也应为元代晚期，但瓷业生产水平已有所下降。元代对瓷业工匠实行"匠籍制"管理，"诸匠户子女，使男习工事，女习黹绣，其辄敢拘刷者，禁之。"[③]将工匠编为

① 元　孔齐《静斋至正直记》卷四，清毛氏钞本。北京：北京图书馆藏。
② 明　曹昭《新增格古要论》卷七，清惜阴轩丛书本94页，杭州：浙江人民美术出版社，2001年。
③ 明　宋濂《元史》卷一百三志第五十一，清乾隆武英殿刻本1061页，北京：中华书局，1976年。

匠户，在工艺技术上世代相袭，而南宋官窑的工艺技术也在元代继续发展，并保留了南宋时期的釉色装饰。"哥窑烧于私家，取土俱在此地。官窑质之隐纹如蟹爪，哥窑质之隐纹如鱼子，但汁料不如官料佳耳。"[①] 明代始有哥窑的称谓。由文献可知，哥窑与"哥哥洞窑""哥哥窑"都是具有南宋官窑器物特征的生产窑口，是在器物形态上模仿南宋官窑的产品。在早期文献中，哥窑产品的器物类型、装饰特征描述与南宋官窑相近。在元代，哥窑类型产品与官釉类型产品统称为哥哥洞窑类型。《遵生八笺》条目论官哥窑器："大率与哥窑相同，色取粉青为上，淡白次之，油灰色，色之下也。纹取冰裂鳝血为上，梅花片墨纹次之，细碎纹，纹之下也。"[②]《遵生八笺》成书于万历时期，是最早记载哥窑以开片纹饰为其主要特征的文献。也说明至晚自万历时期，已将元代官釉产品与哥窑产品区分，哥窑类型与哥哥洞窑类型具有自身的产品类型、工艺特征与装饰手法。

由文献与出土资料可知，哥窑应当存在广义与狭义之分。广义的哥窑是指元代的哥哥洞窑，在产品类型上是继承南宋官窑的工艺特征，釉色、开片装饰上都与南宋官窑相近。其中，有一部分产品具有金丝铁线的工艺特征，也是属于哥哥洞窑产品类型的范围。哥窑直到明代初期，文献中才有记载，但产品特征与哥哥洞窑一致。可知，哥窑是在哥哥洞窑的称谓中演变而

---

① 明　高濂《遵生八笺》雅尚斋遵生八笺卷之十四，燕闲清赏牋上卷 1002，北京：中华书局，2013 年。
② 明　高濂《遵生八笺》雅尚斋遵生八笺卷之十四，燕闲清赏牋上卷 1004，北京：中华书局，2013 年。

来。明代文献中已经将哥窑产品描述为"百圾破"，说明明代对哥窑瓷器的定义已由哥哥洞窑类型向哥窑类型转变，以具有细密的开片纹饰与金丝铁线为主要装饰特征的瓷器为哥窑器物的典型特征。究其原因，一为哥哥洞窑于元末已经衰亡，"成群队者是元末新烧土脉粗燥色亦不好。"哥哥洞窑于元末生产大量产品，制瓷工艺有所下降，明代初期已经不复存在。明代对于哥窑的认识是以具有细密开片纹饰的器物作为哥窑类型特征，对元代哥哥洞窑的范围的认识有所改变。哥窑在定义之初，已经改变了以具体窑口为基本对象的概念，转变为是以产品类型为依据的定义范围。在文献方面，关于对哥窑的最早记载是元代晚期，并且没有直接记录南宋时期哥窑有瓷器生产，而元代对哥窑的称谓为"哥哥洞窑"。"哥哥洞窑"应当是指专门生产瓷器的具体窑口，而在明代的称谓中已经改为哥窑。在出土器物之中，并没有与"哥窑"金丝铁线相符的釉色类型，以器形进行对比研究，在口沿设计、装烧工艺上，哥窑瓷器类型与出土的元代官釉类型具有一致性，也说明元代时期，哥窑类型与官釉类型在同一时期，是两类不同的品种，都是南宋官窑工艺在元代的延续。

"传世"与"出土"哥窑类型横向比较

哥窑窑址尚无发现，以传世与出土哥窑器物为基本资料。哥窑传世器物的生产年代上，也有不同的观点，主要有南宋与元代两种说法。^①对于哥窑类型生产于南宋时期的主要依据是明代文献《七修续稿》。"哥窑与龙泉窑皆出处州龙泉县，南宋时有章生一、生二，弟兄各主一窑。生一所陶者为哥窑，以兄故也。生二所陶者为龙泉，以地名也，其色皆青，浓淡不一；其足皆铁色，亦浓淡不一。旧闻紫足今少见焉，惟土脉细薄釉色纯粹者最贵，哥窑则多断文，号曰百圾破。龙泉窑至今温处人称为章窑，闻国初先正章溢乃其裔云。"^②南宋时期龙泉窑对南宋官窑的青瓷类型进行仿制，但没有哥窑类型的典型特征。南宋时期龙泉窑确实为南宋宫廷烧制过供瓷，在胎质上，模仿南宋官窑黑胎。至今南宋窑址发现中，也只有龙泉窑生产过模仿南宋官窑的产品，但在元代并没有生产官釉瓷器类型。哥窑的传世器物在产品类型上可以分为陈设器皿与使用器皿，陈设器皿以祭祀器皿为主。出土哥窑器物存在于元代至明早期墓葬，至今尚无发现南宋纪年墓葬出土哥窑器物。传世哥窑器物在工艺特征上与出土哥窑器物具有一定的相似特征，在釉面装饰上，都是以开片纹饰作为器物的装饰手段。在开片纹饰上有所不同，出土哥窑是以大开片为装饰特征；传世哥窑在釉面装饰上是以金丝铁线为主，比出土哥窑器物的开片纹饰更为细密，也具有紫口铁足。紫口铁足应是在器物口沿釉水较薄的位置，由于胎土含铁量较

① 哥窑元代说是近年古陶瓷研究说法，参见郑建明、林义《长兴石泉明墓出土"传世哥窑"型器物及相关问题略论》《文物》2015 年 7 期，69—71 页。

② 明 郎瑛《七修续稿》七修续橐事物类 明刻本 1006 页，北京：中华书局，2012 年。

高，显露出胎色，并不是专门装饰的一类手段。可见，传世哥窑器物在釉面装饰与胎质上也是模仿南宋官窑。

哥窑器形上，以故宫所藏传世器物的工艺特征与同时期其他窑口类型相比较，哥窑碗（图1）圈足是以直削的方式进行足墙的处理，区别于元代的龙泉窑、景德镇窑以斜削的方式处理足墙。在口沿上，元代南方各窑生产的碗类器形多为撇口，而哥窑是以南宋的敛口为主要器形特征。说明哥窑是在模仿南宋官窑的一类产品，也继承了南宋官窑器物类型的特征。哥窑青釉弦纹瓶（图2）在工艺上与南宋官窑瓷器相比较，其底足处理上已经以斜削方式为主，具有元代削足的工艺特征。上海博物馆所藏南宋官窑双耳炉（图3），是元代任氏墓葬所出土器物。在釉色上具有开片纹样，但不具备金丝铁线的装饰效果。而哥窑釉面白中泛青，应当与烧制气氛具有关系。金丝铁线的形成原因通常被解释为在长期的使用过程中，由于氧化原因所造成的釉面效果釉色的比较中，南宋修内司官窑的釉面更偏青色，郊坛下官窑产品釉色开始偏白。通过哥窑瓷器的釉面比较，应是哥窑瓷器在烧制完成之前进行了还原气氛的作用，出现了金丝铁线的釉面效果。在器物类型上，传世哥窑瓷器类型与南宋官窑具有相同的特征。以鱼耳炉为例，口沿、腹部与南宋官窑鱼耳炉具有统一的造型设计。而在装烧工艺上，应当是借鉴南宋官窑支烧工艺。哥窑鱼耳炉具有圈足与支钉支烧特征，圈足是瓷器垫烧工艺所留下的制作工艺，而哥窑产品的支烧工艺应当是模仿南宋官窑的鱼耳炉类型特征的结果。由此，也可以说明，传世哥窑应当产生于南宋官窑之后，在产品形态上模仿南宋官窑产品特征。传世哥窑与南宋官窑在产品类型、生产工艺上属于不同的工艺类型。哥窑的生产时期应当是元代中期以前，在元代哥窑依旧保存过去工艺技术，但所生产的器物已经是以民间实用器为主，所以在元、明墓葬所发现的哥哥洞窑器物是以盘、碗为主要类型。"旧哥哥窑色青，浓淡不一，亦有铁足紫口，色好者类董窑，今亦少有，成群队者，是元末新烧土脉粗燥色亦不好。"明，哥窑在烧制之初，工艺特征具有紫口铁足的特征。元末哥窑瓷器生产，选用胎土质量较差。元末哥窑在瓷土选用上不及南宋官窑精细，而南宋哥窑在釉色类型上是以青色为主。哥窑产品类型与南宋官窑类型比较，在釉色表现上，哥窑是以青色偏黄为主，因为在还原为主的烧造气氛中，也具有氧化气氛烧成，而南宋官窑是以青釉为主，是以还原气氛烧成。而在《至正直记》中，说明元哥哥洞窑是"质细虽新其色莹润如旧造"，也证明哥窑是元代仿南宋官窑的一类产品。安庆出土的青灰釉盘，在支烧工艺上也是以六个支钉支烧，与故宫所藏哥窑双儿炉支烧工艺具有一致性。上海青浦元代任氏墓葬、南宁汪兴祖墓葬、安徽繁昌出土开片纹青釉瓷器，在釉面装饰上不具备金丝铁线的特征，应当是继续延续南宋官窑的制瓷工艺。元代对匠人的管理实行匠籍制度，仍然进行制瓷业生产。作为民窑体系，杭州地区窑厂瓷业生产，在产品类型设计、釉色装饰上更具有窑口工艺特征。以汪兴祖墓葬出土官釉六瓣盘与故宫博物院所藏哥釉盘在器物类型上具有一定的相近特征。器形口沿是以六瓣造型为主，在造型设计上，六瓣口沿设计也体现在元代官釉类型盘、碗的装饰。元代，南宋官釉类型继续生产，并且与哥窑生产处于同一时期。说明哥窑瓷器类型是元代官釉瓷器的一类品种。在瓷土选用、造型设计、装烧工艺等方面，继承南宋官窑的工艺技术、装饰特征。而与元代官釉瓷器的工艺区别体现在釉面装饰上，元代官釉瓷器类型是以青釉为主要表现釉色，烧成气氛也是以还原气氛为主。哥窑是以米黄色釉为釉色表现，应是在氧化气氛下形成的釉色装饰。所以，哥窑瓷器既保留了南宋官窑以来的工艺

图 1　故宫博物院藏哥窑碗

图 2　故宫博物院藏哥窑青釉旋纹瓶

图 3　上海博物馆藏南宋官窑双耳炉

特征，又具有自身的装饰特征。

元代哥窑工艺演变分类

通过文献与传世器物可知，哥窑是南宋官窑在元代的延续，在工艺技术演变中，也具有早晚因素。依据传世与出土哥窑类型可分为三期。第一类是以官釉类型的生产对象，是南宋官窑工艺技术的延续。瓷器开片是由于胎、釉的收缩与膨胀系数不一致而造成的。在南宋时期已经将开片制瓷缺陷改进为制瓷装饰工艺。南宋官窑类型开始有开片纹饰的装饰，而哥哥洞窑应当是元代生产官釉类型的一个具体窑口。在器物的造型、釉色、装烧工艺上与南宋官窑具有继承性，为元代哥窑的主要类型。第二类是以"金丝铁线"为装饰特征的哥窑类型，是元代官釉产品的进一步改进的结果。与传统开片纹饰不一致的是，哥窑的开片纹理是在继承南宋官窑工艺技术的基础上，在瓷器烧制完成之前，由于在窑温极速下降的状态下形成开片纹饰。在氧化的气氛下烧造而成，所以造成了开片纹饰的色泽不一。"金丝铁线"哥窑类型产生的时代晚于官釉类型，在继承官釉工艺基础上进行发展。第三类是元末哥窑新烧器物，是哥窑的衰落期，所烧器物在瓷土选用、器物类型与之前相比有所改变，工艺技术有所下降。

结语

　　"哥窑"概念自元代记载以来，明代才确定概念范围。明代的"哥窑"已经改变元代"哥哥洞窑"的概念范围，是以具有"金丝铁线"的细碎开片纹饰为主要装饰特征的器物为"哥窑"典型产品。所以在出土哥窑与传世哥窑器物特征上具有区别。而"哥窑"也从元代特指一具体的地方窑口，转变为对一类具有"金丝铁线"装饰特征哥窑产品的概括。通过传世哥窑类型器物与出土哥窑类型器物比较，哥窑类型产品时代应为元代，哥窑的产生基础是南宋官窑制瓷工艺的延续，哥窑也是在元代产生与发展。

二 / 元明景德镇瓷器研究

"浮梁瓷局"考兼议元代官营瓷业制度

摘要：以元代浮梁瓷局设立原因，不同阶段的职能属性、生产模式、管理方式为主要线索，归纳元代浮梁地区官营瓷业生产制度。浮梁瓷局所属匠人为系官人匠，浮梁地区不同类别工匠生产产品的归属亦有所不同，将"枢府"瓷器归属于浮梁军籍瓷匠所生产，而"太禧"瓷器属于浮梁瓷局所产。以浮梁瓷局具体职能与产品类型的演变为依据对浮梁瓷局瓷业发展进行分期，并肯定元代浮梁地区官窑的存在，对其形成基础与生产模式进行探析。

关键词：匠户、青花、卵白釉、浮梁瓷局

"浮梁瓷局"设立原因：

关于浮梁瓷局的设立原因，应结合元初手工业管理制度与浮梁地区瓷业产品特征进行分析。刘新园先生、熊寥先生已分别从元朝贵族色彩观与浮梁瓷业生产水平两类角度进行分析。[①]"浮梁磁局，秩正九品。至元十五年立。掌烧造磁器，并漆造马尾、棕藤、笠帽等事。大使、副大使各一员。"[②]以史料来看，浮梁瓷局起初是为了管理浮梁地区制瓷业所成立的专门管理机构。瓷局建立之初，主要负责管理所属系官人匠的瓷业生产，并监督民间制瓷匠户，征收军户、民户瓷匠税赋。金、元时期，北方窑口瓷业生产衰落，而南方浮梁、龙泉地区窑厂在南宋晚期具有较高的生产水平。元初十分重视海外贸易，"福建之盐，至元十三年始收其课为盐，六千五十五引。十四年立市舶司兼办盐课。"[③]浮梁瓷局建立之前，元政府在福建已设有市舶司，专门负责海外贸易的管理。浮梁生产的青白瓷在南宋时期为主要外销类型，"浮梁州中唐以来为县，元元贞元年升州"，隶属于饶州路管辖，[④]说明元初对浮梁地区的手工业生产较为重视，故将其行政区域升格为州。"至元八年，御史台承尚书省札付钦奉圣旨节：该今后诸人，但系磁器上并不得用描金，生活教省里遍行榜文禁断者，钦此。"[⑤]（图1）说明元朝建立之前，瓷器已被蒙古贵族所接受，并出示了限制一类瓷器使用

---

① 刘新园《元代窑事小考—兼致约翰·艾惕思爵士》《景德镇陶瓷学院学报》第 2 卷，第一期，68 页。
　熊寥《浮梁瓷局的设置与撤销》《河北陶瓷》1986 年 1 期，34 页。
② （明）宋濂《元史》卷八十八志第三十八，清乾隆武英殿刻本 1061 页，北京：中华书局 1976 年。
③ （明）宋濂《元史》卷九十四志第四十三，清乾隆武英殿刻本 1143 页，北京：中华书局 1976 年。
④ （明）宋濂《元史》卷六十二志第十四，清乾隆武英殿刻本 3932 页，北京：中华书局，1976 年。
⑤ （元）佚名《元典章》工部卷一典章五十八，元刻本 965 页，北京：中华书局，2011 年。

的具体规定。元朝统治者多偏爱白色器皿，"即位愿无污白道子，帝从之。盖国俗尚白，以白为吉，故也。"① 浮梁瓷局之初，浮梁地区生产主要类型为青白釉瓷器，在色度表现偏于青色，并不符合蒙古贵族色彩审美观。"表兄沈子成自余干州归，携至旧御土窑器。径尺肉碟二个，云是三十年前所造者。其质与色绝类定器之中等者，博古者往往不能辨，……至正癸卯（1363年）冬记"② 至少说明元代中期以前，浮梁地区白瓷制作水平尚不及定窑，偏爱白瓷的蒙古贵族不应在浮梁建立官营窑厂。而在早期卵白瓷中也发现有胎釉精美者，应当是供给上层贵族使用产品（图2），但生产数量有限。元朝对手工业者的管理实行匠籍制，分为系官人匠、军匠与民匠，其中浮梁地区瓷匠隶

图 1 卵白釉金彩玉壶春瓶

图 2 "白、王"款卵白釉高足杯

① （元）陈桱《通鉴续编》卷二十一，清文渊阁四库全书本 655 页，扬州：扬州图书馆藏元末刻本。
② （元）孔齐《静斋至正直记》卷四，清毛氏钞本 73 页，上海：上海古籍出版社，1987 年。

属不同的匠籍所管理。"凡匠官，至元九年，工部验各管户数，二千户之上至一百户之上，随路管匠官品级。凡一百户之下管匠官资品，受上司札付者，依已拟充院长。已受宣牌充局使者，比附一百户之上局使资品递降，量作正九资品。"①浮梁瓷局秩正九品，可见建立之初，浮梁瓷局所属官匠不足一百户。由此，也证明浮梁瓷局是以少量系官人匠户所构成的官营生产机构。"并漆造马尾、棕藤、笠帽等事，大使、副大使各一员。"②浮梁瓷局在监烧瓷器的同时，还负责其他生产事宜，可见瓷局建立之初瓷业生产规模较小。浮梁瓷局最初设立目的是为适应元朝匠籍制度的需要，将浮梁地区制瓷工匠统一划分为官匠、军匠与民匠，而浮梁瓷局所属工匠为系官人匠户，因浮梁瓷局官员多为本路派遣，应兼有对浮梁地区工匠收取实物税的管理机构。再有，浮梁瓷局是为了适应元初瓷器海外贸易而设置。对于浮梁瓷局所管理的具体事务史料尚无记载，但通过元初浮梁产品类型，元朝宫廷并不适合在此处设立官营窑厂。故而，于浮梁建立的瓷局是专门负责外销瓷器生产监管的机构，而系官人匠属于浮梁瓷局所管理，产品也归属浮梁瓷局。而民匠也应承担赋税摊派，浮梁瓷局在最初应负责浮梁制瓷业的监管与生产的具体事宜。《元史》："将作院，秩正二品。掌成造金玉、珠翠、犀象宝贝、冠佩器皿，只造刺绣、段匹、纱罗，异样百

---

① （明）宋濂《元史》卷八十二志第三十二，清乾隆武英殿刻本 1061 页，北京：中华书局 1976 年。
② 同．

色造作。至元三十年始置。院使一员，经历、都事各一员。"[①]
浮梁瓷局属于将作院条目，将作院晚于浮梁瓷局建立，浮梁瓷
局归属于管理机构。浮梁瓷局至早于至元三十年才归属宫廷将
作院管理，这说明浮梁瓷局专为宫廷制瓷应为至元三十年之后。
由专门负责宫廷用器生产的将作院管理，也表示浮梁瓷局的职
能由监管地方制瓷业为主，转向宫廷瓷器生产为主。可见，浮
梁瓷局最初设立，是由于南宋以来，南方形成以浮梁为中心的
制瓷业生产系统，元政府重视海外瓷器贸易，于浮梁设立专门
机构进行管理。元朝对匠人实行匠籍制管理，因浮梁为制瓷中
心，故特设瓷局进行统一管理。具体职能为监督浮梁瓷业生产，
并征收赋税，进贡瓷器等多项职能。

"浮梁瓷局"产品类型及分期

浮梁瓷局的不同分期是以职能转变及产品类型为主要依据，
刘新园先生曾对浮梁瓷局进行分期研究，但并未以具体职能的
转变为依据。[②]浮梁瓷局即属于监管与生产瓷器的 机构，由于
其归属的不同，应以瓷局性质改变及产品类型为主要分期依据。

浮梁瓷局第一期为至元十五年（1278）至至元三十年（1293）。
浮梁瓷局于至元十五年设立，所设立目的主要为浮梁地区瓷业
的监督管理，浮梁瓷局所属工匠，区别于军籍与民籍匠户，直

---

① （明）宋濂《元史》卷八十八志第三十八，清乾隆武英殿刻本 1060 页，北京：中华书局 1976 年。
② 刘新园《元代窑事小考—兼致约翰·艾杨思爵士》《景德镇陶瓷学院学报》第 2 卷，第一期，69 页。.

接为宫廷瓷业所服务。《元典章》工部卷："局分造作局，官每日躬亲遍历巡视工部，每月委官点检务要，造作如法，工程不亏。违者随即究治，其在外局分本路正官，依上提点。每季各具工程，次第，申宣慰司移关工部照会。工部通行比较季一呈省，比及年终俱要了毕毋致。"① 浮梁瓷局设立之初应由工部直接管理，地方也负有监督职责，对民匠征收实物税。浮梁瓷局最初并非为宫廷生产瓷器的机构，主要职能是为外销瓷器的生产贸易所设立的。其中，系官人匠直接隶属于工部管理。至元二十五年（1288）规定了《工粮则例》："…定四口为则外，……每户多者不过四口，少者验实有口数，正身月支米三斗，盐半斤。家属大口，月支米二斗五升，家属小口并驱大口，月支米一斗五升。驱口小口月支七升五合。"② 浮梁瓷局所属工匠统一供给月粮，人身关系依附于瓷局，生产产品也归瓷局所有。"军官、匠官、站官、医官各投下人等例不转入流虽资，品相应不许铨注。"③ "诸匠户子女，使男习工事，女习黹绣，其辄敢拘刷者，禁之。"④ 元代规定匠籍户口世代相袭，不得转做其他行业。瓷业技术传与家族男丁，使其制瓷技术具有稳定的传承性。浮梁瓷局在建立之初尚不属于中央直属，也应向宫廷内府进贡。浮梁地区制瓷业在元代形成青白瓷向白瓷过渡的时代特征。"元

① （元）佚名《元典章》工部卷一典章五十八，元刻本 957 页，北京：中华书局，2011 年。
② （元）拜柱《通制条格》卷十三，明钞本 72 页，国立北平图书馆影印出版，1930 年。
③ （元）佚名《元典章》吏部卷二典章八，元刻本 109 页，北京：中华书局，2011 年。
④ （明）宋濂《元史》卷一百三志第五十一，清乾隆武英殿刻本 1061 页，北京：中华书局 1976 年。

朝早期窑炉也在以龙窑为主体的基础上，但开始大量使用馒头窑"①，改变窑内烧成气氛，有利于卵白釉的生产。已改变南宋时期釉料配方，生产成熟的卵白瓷。（图2）通过元大都遗址出土青白瓷器（图3），证明浮梁瓷局建立之初已为元宫廷进贡器

图 3 元大都遗址出土青白瓷炉类器物

皿，且多以祭祀用瓷为主。《元史·祭祀一》谓："元兴朔漠，代有拜天之礼。衣冠尚质，祭器尚纯。"②说明元朝建立之初，皇帝也十分重视祭祀礼仪，并崇尚色度纯洁的祭祀器皿。而元大都出土的青白瓷多为祭祀器皿，与元初史实相一致。现发现最早卵白釉产品为耶律铸夫妇合葬墓出土的卵白釉高足杯（图2），印有"白、王"铭文，说明浮梁瓷局第一期已有成熟的卵白瓷产品产生，使用对象应为蒙古上层贵族。

　　第二期为至元三十年（1293）至泰定元年（1324），将作院

① 《景德镇湖田窑考察纪要》《文物》1980 年 11 期，39 页。
② （明）宋濂《元史》卷七十二志第二十三，清乾隆武英殿刻本 833 页，北京：中华书局 1976 年。

设立之后，浮梁瓷局由工部归属于将作院管辖，"将作院，秩正二品。掌成造金玉、珠翠、犀象宝贝、冠佩器皿，只造刺绣、段匹、纱罗，异样百色造作。至元三十年始置。院使一员，经历、都事各一员。"[①] 将作院是为元朝宫廷生产器皿的机构，浮梁瓷局至早于至元三十年开始，直接由中央机构所管理。发现于张弘纲墓中的卵白釉炉（图4），产品年代最晚为大德九年，已经改变青白为主的釉色。张弘纲为元朝汉族官僚，说明卵白瓷在第二期使用对象已有所扩大，不再限于蒙古贵族使用。

归属将作院之后，浮梁瓷局已具备制作卵白瓷的工艺水平。《元典章》是至治二年（1322）以前元朝法令文书，记录浮梁瓷局副使为正九品，由此，浮梁瓷局正使应为从八品。而《元典章》中并无"大使"条目，说明浮

图 4 张弘纲墓出土卵白釉双系三足炉

梁瓷局归属将作院之后，大使职位常无定员。级别的升高说明系官人匠户数量已有所增加，而扩充的匠人一方面应为官匠自身的增长，一方面扩充民匠归属于浮梁瓷局，《元典章》刑部

---

① 富平县文化馆、陕西省博物馆、文物管理委员会《唐李凤墓发掘简报》，《考古》1977 年 09 期。

卷中有"贼人发付窑场配役"^① 条目，说明贼人也被罚去窑厂劳役。其中，成宗大德七年（1303）元政府改革役法后，系官人匠与民匠共同承担政府摊派。可见，民匠在此之后，也承担宫廷制瓷任务。说明第二期宫廷用瓷数量有所增加，并将制瓷数额摊派民匠完成。

第三期为泰定元年（1324）至至正十二年（1352），由于产品类型与制瓷制度的变迁，可分为至正之前与至正时期两个阶段。"泰定本路总管监陶，皆有命则供，否则止。"^② 泰定之后，浮梁瓷局应由本路管理，宫廷瓷器也完全由摊派形式完成，"太禧"铭文卵白釉瓷器生产于此阶段（图5）。由于摊派数量是以不同机构的需求所决定，故而，于瓷器印记机构名称。泰定之后，浮梁瓷局的管理归于地方，宫廷仅在制瓷任务中派遣官员督造。

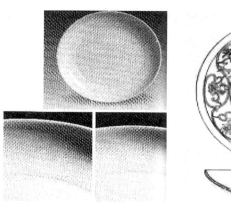

图5 "太禧"铭文五爪龙纹卵白釉盘

---

① （元）佚名《元典章》刑部卷十一典章四十九，元刻本825页，北京：中华书局，2011年。
② （清）谢旻《（康熙）江西通志》卷二十七，清文渊阁四库全书本645页，凤凰出版社，上海书店，巴蜀书社，2009年。

"其至顺二年（1331年）七月，奉命督陶器于饶，到次三衢之常山以病卒。价低于定器。"①泰定之后浮梁瓷局创烧出新的产品，以青花与颜色釉为代表。"《元史·顺帝二》至元二年（1336）："丁亥，禁服麒麟、鸾凤、白兔、灵芝、双角五爪龙、八龙、九龙、万寿、福寿、字赭黄等服。"②说明元顺帝时期才规定五爪龙纹为皇家所专用。之前民间也应当存在使用五爪龙的现象，在景德镇元代墓葬中发现有卵白釉五爪龙纹遗物。③顺帝至元二年之后，民间所使用龙纹应以三爪、四爪为主。大维德基金会所藏至正十一年云龙纹象耳瓶（图6），龙纹皆为四爪，而辅助有鸾凤纹饰，证明对于五爪龙纹的限制极为严格，其他纹饰尚可允许。"至正十二年（1352）三月二十七日，薪贼项普陷城，杀戮甚惨。十三年，元帅韩邦彦、镇抚哈迷复之十五年，复陷于波寇方玉。十六年，都昌人于光受伪天完徐寿辉节制。"④说明至正十二年之后，浮梁地区多有战乱，瓷局已不复存在。元末陶宗仪《南村辍耕录》⑤记录将作院中也没有"浮梁瓷局"条目，也可佐证浮梁瓷局在至正十二年之后已经不复存在。至正十一年青花云龙纹瓶，属于民间窑场烧制。但器物制作工艺与御用器物并无区别，说明元末浮梁瓷局把生产器物大量摊派给民窑。"1994

---

① （元）俞希鲁《〈至顺〉镇江志》卷十九，清嘉庆宛委别藏本360页。
② （明）宋濂《元史》卷三十九本纪第三十九，乾隆武英殿刻本顺帝二425页，北京：中华书局1976年。
③ 汪庆正主编《中国陶瓷全集·元代上》序言，上海：上海人民美术出版社，1999年。
④ （清）沈嘉征、存德修、汪熏纂《浮梁县志》，清乾隆七年（1742）刻本。
⑤ （元）陶宗仪《南村辍耕录》，济南：齐鲁书社，2007年。

年 6—8 月，…洪武黄泥层，有一残瓦上用含铁料书写的题记：监工浮梁县丞赵万初，监造提举周成，作头潘成，甲首吴昌秀，浇色匠凡（樊）道名，风火匠方南，万字壹号，人匠羊（杨）远二，下长原都。"至少说明明初仍继承元代晚期由地方管理官营瓷局的任务，而发现"局用"铭文白釉瓷器[1]，说明瓷局机构明初尚且存在，是继承元代瓷业制度的反映。元代红釉五爪龙云纹盘（图 7）与南京明故宫遗址出土红彩云龙盘纹饰较为一致，说明此件器物为元末所生产，而明初景德镇御器厂于官样纹饰继承元末风格。浮梁瓷局第三期产生了青花、蓝釉、红釉等多类品种，应与北方工匠的迁入和西域制瓷原料的传入有关。

浮梁瓷局所生产瓷器类型，依据不同分期，以宫廷瓷器生产地——浮梁地区与主要使用地——元大都遗址所出土器物为主要对象，元代贵族墓葬、窖藏为辅助依据。选取不同时期的典型产品，以时代、纹饰、工艺特征，结合出土地点进行分类。

---

① 刘新园、权奎山、樊昌生《发掘景德镇官窑》《文物天地》2004 年第 4 期。

图表

器物分期	器物名称	出土地点	收藏单位	数据源
第一期	青白釉乳钉刻莲纹三足炉	北京安定门外元大都遗址	首都博物馆	《中国出土陶瓷全集·北京卷》
	青白釉串珠纹玉壶春瓶	北京崇文区龙潭湖元代瀚脱赤墓	首都博物馆	《中国出土陶瓷全集·北京卷》
	青白釉刻牡丹纹双耳扁壶	北京安定门外元大都遗址	首都博物馆	《中国出土陶瓷全集·北京卷》
	青白釉饕餮纹双耳三足炉	北京安定门外元大都遗址出土	首都博物馆	《中国出土陶瓷全集·北京卷》
	青白釉多穆壶	北京崇文元代瀚脱赤墓	首都博物馆	《中国出土陶瓷全集·北京卷》
	青白釉笔架	北京市新街口元大都遗址北垣墙基下出土	首都博物馆	《中国出土陶瓷全集·北京卷》
	"白王"款卵白釉高足杯	耶律铸夫妇合葬墓	首都博物馆	《中国出土陶瓷全集·北京卷》
第二期	卵白釉双系三足炉	北京永定门外小红门元初张弘纲墓	首都博物馆	《中国出土陶瓷全集·北京卷》
第三期	"太禧"铭文五爪龙纹卵白釉盘	不明	故宫博物院	《中国陶瓷全集·元代上》
	蓝釉五爪龙纹砚盒	景德镇御窑厂遗址元代地层	景德镇市考古研究所	《中国陶瓷全集·元代上》
	孔雀绿釉五爪龙纹砚盒	景德镇御窑厂遗址元代地层	景德镇市考古研究所	《中国陶瓷全集·元代上》
	青花五爪龙围棋罐	景德镇御窑厂遗址元代地层	景德镇市考古研究所	《中国陶瓷全集·元代上》
	青花凤首扁壶	北京西城元代窖藏出土	景德镇市考古研究所	《中国陶瓷全集·元代上》
	蓝釉三爪龙纹梅瓶	不明	扬州博物馆	《中国陶瓷全集·元代上》

器物分期	器物名称	出土地点	收藏单位	数据源
第三期	红釉印花龙纹盘	不明	首都博物馆	《中国陶瓷全集·元代上》
	卵白釉戗金暗刻龙纹玉壶春瓶	高安窖藏	高安市博物馆	《中国出土陶瓷全集·江西卷》
	卵白釉印花五爪龙纹高足杯	高安窖藏	高安市博物馆	《中国出土陶瓷全集·江西卷》
	青花婴戏鸟食罐	元大都遗址出土	北京市文物研究所	《中国出土陶瓷全集·北京卷》
	青花蕉叶纹出戟尊	元大都遗址北垣墙基下元代地层	首都博物馆	《中国出土陶瓷全集·北京卷》
	卵白釉印文福禄碗	高安窖藏	高安市博物馆	中国出土陶瓷全集·江西卷
	卵白釉印花"福寿"盘	乐安县窖藏	江西博物馆	《中国出土陶瓷全集·江西卷》
	卵白釉印花"福禄"盘	新疆霍城县阿力麻里古城	新疆维吾尔自治区博物馆	《中国出土陶瓷全集·新疆卷》

通过图表选取浮梁瓷局三期类型产品，可以得出浮梁瓷局第一期产品是以青白瓷为主，而卵白瓷也有少量生产。第二期由于发现实物较少，但可以证明卵白釉于第二期工艺有所发展，产品使用范围扩大。第三期产品改变以卵白釉为单一产品，青花、

 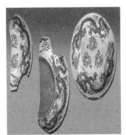

图6 至正十一年云青花龙纹盘口象耳瓶　图7 元代红釉五爪龙云纹盘 明洪武红彩云龙纹残盘（南京博物院藏）

颜色釉开始出现，与至正以后外销瓷的生产发展有关系。下面依据不同分期，进行产品类型归纳与分析。

浮梁瓷局第一期是以管理与监督外销瓷器生产为主要任务，并进贡少量青白瓷产品。第一期产品应以蒙古贵族墓葬与元大都遗址出土器物为主要研究对象，器型多以祭祀工具为主。早期墓葬所出土器物，以多穆壶为典型类型，多穆壶原为蒙古贵族盛放乳制品的用具。产品仿制原有金银器类型，上有绳纹装饰（图8）。《元史·祭祀志》又载："至元十年八月甲辰朔，颁诸路立社稷坛壝仪式。十六年春三月，中书省下太常礼官，定郡县社稷坛壝、祭器制度、祀祭仪式，元贞二年冬，复下太常……三献官以州长贰为之。"[①] 元朝建立之前，皇帝已十分重视祭祀制度与礼仪，而瓷质祭祀器皿也为元代宫廷所需。在元大都遗址发现青白釉饕餮纹双耳三足炉（图9），釉色已经向卵

图 8 青白釉多穆壶

图 9 青白釉饕餮纹双耳三足炉

① （明）宋濂《元史》卷八本纪第八，清乾隆武英殿刻本 896 页，北京：中华书局 1976 年。

白瓷过渡，说明浮梁瓷局第一期已经开始承担宫廷摊派的制瓷任务。元代翰脱赤墓出土青白釉串珠纹玉壶春瓶（图10），在串珠纹装饰上仿制元代金银器皿，而出土器物或为赏赐器皿，也或是专为蒙古贵族专门定制器物。元代早期瓷业官营制度区别于宋、明时期，但可以看作向明代官营瓷业的过渡。瓷匠归属于不同属性的户籍，为元代瓷业制度的特征，但元代早期并无发现官营与民营瓷业的主要区别。浮梁瓷局所监督生产的典型器物以多穆壶与高足杯为主要类型。多穆壶在浮梁瓷局第一期造型纹饰仿照早期金银器风格，于纹饰上保留蒙古贵族早先使用的绳纹（图8），而第三期卵白釉、青花类型仅保留多穆壶造型，不再附加绳纹纹饰（图12）。说明多穆壶在浮梁瓷局生产中仅保留过去传统器型，由于功能的变迁，器型也有所变化。所发现的元代高足杯可以分为两式，Ⅰ式为矮高足，直腹，微撇口。器型明显仿制元代金银器皿（图13）。而Ⅱ式为高足，

图10 青白釉串珠纹玉壶春瓶

图11 内蒙古博物馆藏元代金质高足杯

鼓腹，撇口造型，注重器物使用功能（图14）。两类高足杯类型并存，也说明了元代宫廷瓷器的定制多仿制金银器皿（图11），同时存在注重实用的器型。

第二期是以《元典章》中所规定民间禁用纹饰产品为主要对象，此时，浮梁瓷局已归属将作院管理，卵白瓷产品已经烧制成熟。在出土器物中，可以明确卵白釉产品使用对象已有所扩大。因在纪年墓葬中发现实物较少，对这一时期浮梁瓷局所烧制产

图12 元代晚期卵白釉多穆壶

图13 Ⅰ式卵白釉戗金高足杯

图14 Ⅱ式"白、王"款卵白釉高足杯

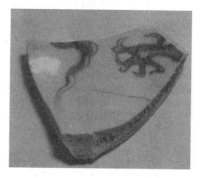

图15 景德镇落马桥出土五爪龙纹残片

品尚不清楚。但可以明确至元三十年之后，归属将作院管理；对宫廷瓷器的生产是由之前摊派，变为长期的直接生产。

第三期以铭文与纹饰具有等级特征的宫廷用瓷为主。所发现产品类型丰富，主要有青花、卵白、颜色釉三类产品。落马桥所发现青花五爪龙瓷片标本（图15）与同期外销类型、民窑类型器物出于同一地层，说明元代部分宫廷产品的生产与民窑使用同一窑厂，宫廷所用瓷器民匠也相应承担，并在民窑窑厂烧制。五爪龙纹瓷器仅在第三期有大量发现，说明浮梁瓷局制瓷纹样制度形成于此阶段。第三期卵白瓷多印有机构铭文，其中存世"太禧"铭文卵白瓷盘。太禧是指元代天历以后增设太禧宗禋等院及奎章阁，[1] "太禧"铭文瓷器应于元天历时期（1328年）之后烧造，"至元六年（1340年）十二月戊子，罢天历以后增设太禧宗禋等院及奎章阁。"[2] 太禧院共存在十二年，掌管宫廷祭祀事宜。作为宫廷内府的祭祀机构，所需瓷器应由宫廷统一调配，但通过"太禧"铭文所指为专门机构，说明此类器物为太禧宗禋院所定制之物，应为宫廷所摊派到浮梁瓷局的定烧器皿。证明至元六年之前，宫廷所用瓷器并没有独立的官属窑厂承担，而是通过宫廷的瓷器订货进行专门制作。由此说明，1988年明御厂故址北侧发现大量集中的元代五爪龙纹产品，[3] 应该是至元

---

① （明）宋濂《元史》卷七十六志第二十七上，清乾隆武英殿刻本883页，北京：中华书局1976年。
② （明）宋濂《元史》卷四十本纪第四十，清乾隆武英殿刻本436页，北京：中华书局1976年。
③ 刘新园、白焜《景德镇湖田窑考察纪要》《文物》1980年11期，41页。

六年后的产品，而浮梁瓷局所属官营窑厂也为之后建立，所发现的产品应为至正时期所生产。《岛夷志略》成书于至正时期，记述青花瓷出口的具体情况。而浮梁瓷局的建立，在元代早期，主要负责贸易瓷器的生产监督作用。青花器皿出现之后，以外销对象而言，有陆路与水路两条路线。通过陆路输出到西亚各国的青花器皿绘画、器型，与水路销往东南亚地区的器物有较大差异。主要原因在于西亚地区是蒙古贵族所统治的汗国区域，所运输的青花瓷器应供给上层贵族使用。这批器物是由浮梁瓷局系官人匠所制作，新疆地区发现的青花凤首壶与元大都窖藏所发现器物工艺特征基本一致（图16）。而运往东南亚青花器皿是由浮梁地区民匠所生产。杭州发现的青白釉青花观音坐像为至今最早青花瓷器，为元顺帝至元二年（1336年），由此，也可证实浮梁瓷局于至正时期承担大量的外销生产任务。而比

图16 青花凤首扁壶

图17 "药"字墨书款"枢府"瓷盘

较东南亚地区所发现青花类型，西亚地区发现的元青花在制瓷原料、绘画工艺上区别较大，应由不同属性的匠户所生产。"综观南河南北两岸出土的青花瓷器：绝大多数都为"苏麻离青"型颜料，据测试，其含锰量极低，含铁量较高，当为波斯料南岸的青花瓷器中以大盘为主，约占青花残器的70%，其盘的器底较厚，纹饰繁褥华丽，其中多有蓝地白花，和伊朗、土耳其的传世品一致，唯盘的口沿画蓝线的较少，盘的直径最大的仅有41厘米，比起土耳其与伊朗的传世大盘，小罐瓶之类由于残片太碎难以了解其确实高度，北岸的青花瓷器则以高足折腰碗、小酒杯为多，大盘仅见两件，纹饰则简洁疏朗草率，和菲律宾出土的完全相同。"① 可见外销于不同地域的青花产品，应属于浮梁不同属性匠户所生产，出口到西域地区的青花类型与在元大都遗址发现的青花产品，在青料、绘画工艺上基本一致。由此证明，销往西域汗国的青花产品应为浮梁瓷局系官人匠所生产，而销往东南亚的小型青花器皿为民匠所产。明初贵族墓葬也发现元青花存在，说明元代青花器皿于明初作为贵族使用器具存在。发现类型均与销往西域青花风格相一致，说明浮梁瓷局所产青花具有一定的使用等级。

元代卵白瓷铭文类别

其中第三期卵白瓷多带有官署铭文，至今发现有"枢府""太

---

① （明）宋濂《元史》卷八十二志第三十二，清乾隆武英殿刻本 1061 页，北京：中华书局 1976 年。

禧""东卫""福禄""天顺年制""福寿"等铭文，为官署或吉语名称。以官署职能区分，可分为中央行政机构与军事机构。已发现"太禧"铭文卵白瓷印有五爪双角龙纹（图5），《元典章》："限惟不许服龙凤文龙，谓五爪二角者。"[①] 证明"太禧"铭文瓷器纹饰为浮梁瓷局所专门设计的宫廷用瓷纹样。"枢府"铭文瓷器是专为元朝枢密院所制作，"枢府"应指元朝枢密院，《元文类·杂着》所录《经世大典序》"入官"条谓："方天下未定，军旅方兴，介胄之士莫先焉，故攻取有功之士，皆世有其军而官之，事在枢府，不统于吏部。"[②] 可见，枢府为专管军队的专门机构，并不属于宫廷皇室所属机构，元代机构仅有枢密院符合。而"枢府"瓷器也应是通过定制所烧，纹饰、铭文等装饰上与"太禧"铭文瓷器基本一致，说明在元代宫廷用瓷与政府官僚用瓷都是通过定制的手段摊派到浮梁窑厂，而宫廷与官府在用瓷等级上也未见明显差别。"磁窑二八抽分，至元五年七月初五日，制国用使司来申均州管下各窑户合纳课程。除民户磁窑课程依例出纳，外军户韩玉、冯海、赖军户形势告刘元帅，文字拦当止令将烧到。窑货二十分取一乞施行。制府照得，先钦奉圣旨节文，磁窑、石灰、矾锡、榷课斟酌定立课程钦此，兼磁窑旧例二八抽分。办课难同三十分取一，除已移咨枢密院行下合属，

---

① （元）佚名《元典章》礼部卷二典章二十九，元刻本517页，北京：中华书局，2011年。
② （元）苏天爵《元文类》国朝文类卷四十四部丛刊景元至正本367页，北京：商务印书馆，出版时间不详。

将合纳课程照依旧例办，课外仰照验钦依施行。"① 可见浮梁瓷局建立之前，瓷匠已有一部分属于军队管理，为军队负责瓷器生产，并且是以实物税的形式承担赋税。浮梁瓷局归属将作院之后，应主要为宫廷内府制作器物。枢密院作为军事机关，瓷器生产应由隶属于军籍的匠户承担生产。而军籍匠户有别于浮梁瓷局所属匠户，是以个体生产为主，以瓷器实物所承担赋税，故而，在新安沉船以及内蒙古集庆路枢府器物中有所发现（图17）。《景德镇陶录·景德镇历代窑考》"枢府窑"条记载："元之进御器，民所供造者，有命则陶，土必细白埴腻质，尚薄，式多小足印花，亦有戗金五色花者……当时民亦仿造，然所贡者，俱千中选十，百中选一，终非民器可逮。"②"枢府"铭文瓷器为民间匠户以实物形式向枢密院所缴纳赋税，多余产品向民间销售。"（南河）南岸刘家坞的折腰碗和小足盘足多外撇，内壁多印有'枢府'两字，高足杯内壁的印花龙纹有五爪的。"印证《元史》，这类器物应为当时的官用瓷。北岸的在造型上虽较相近，但足壁多垂直，内壁无款识，龙只为三爪、四爪，当为民用商品。"③ 可以证明"枢府"铭文瓷器也集中于一处烧造，并且也可使用五爪龙纹所装饰。"元朝烧小足印花者，内有枢府字者高。"④ 而"天顺年制"款卵白釉盘（图18）为大圈足，

① （元）佚名《元典章》户部卷八典章二十二，元刻本 455 页，北京：中华书局，2011 年。
② （清）蓝浦《景德镇陶录》卷五，清嘉庆刻同治补修本 40 页，济南：山东画报出版社，2004 年。
③ 孔齐《静斋至正直记》卷四，清毛氏钞本。北京：北京图书馆藏。
④ （明）曹昭《新增格古要论》卷八，清惜阴轩丛书本 94 页，杭州：浙江人民美术出版社，2001 年。

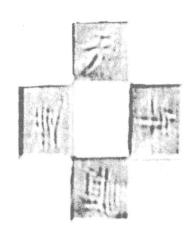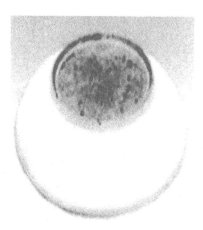

图18 "天顺年制"铭文卵白瓷盘及底部图片

说明"枢府"铭文瓷应在天顺之后烧制。东卫在《元史·百官志》中隶属于枢密院管理。"延佑二年，又以哈儿鲁军千户所，并隶东卫。"[①] 所供应瓷器应该由军籍瓷匠所生产。"枢府"铭文卵白瓷器物中有印有双角五爪龙纹饰，至正丁亥规定使用五爪龙纹的限令，证明"枢府"铭文瓷器于至正之前所生产。"戗金五色花者"（图13）是指于卵白釉彩绘的一类产品，由于限制民间瓷器描金，此类器物也属于宫廷用器。系官人匠、军匠、民匠所归系统虽互不相属，但系官人匠、民匠归于将作院管辖，"管府隶将作院异样局，总管府隶将作院，大都等路民匠，总管府隶将作院。"[②] 而军匠应当直接归属于枢密院管理。发现器物中，"太禧"铭文瓷器以及五爪龙纹颜色釉瓷器应属于浮梁

---

① （明）宋濂《元史》卷八十六志第三十六，清乾隆武英殿刻本 1028 页，北京：中华书局 1976 年。

② （明）宋濂《元史》卷八十八志第三十八，清乾隆武英殿刻本 304 页，北京：中华书局 1976 年。

瓷局所生产，在数量上与"枢府"铭文瓷器相比发现较少。可见，专为宫廷所生产的瓷器，浮梁瓷局对产品流通管理十分严格。而枢密院所属匠人生产枢府瓷器，除将上乘产品进贡之外，也将剩余产品在民间销售。内蒙集宁路所出土"药"字墨书款枢府瓷器（图17），印花纹饰与其他枢府瓷器相同，但釉色较差，属于选落销往民间的产品。元代新安沉船所发现"使司帅府公用"龙泉窑刻花纹盘，[①]说明元代军籍瓷匠存在于诸多窑厂，而在缴纳实物瓷器之后，可以将剩余产品自由买卖，区别于系官人匠。

"福禄""福寿"吉语铭文卵白瓷应为浮梁瓷局所生产，因至元二年之后，限制"福禄""福寿"铭文纹样的使用，所以其使用具有明确的等级要求。但区别于"太禧"铭文瓷器，吉语铭文卵白瓷于新疆、江西等窖藏有所发现。说明其流通控制并不严格。此类产品应为浮梁地区民匠被摊派的任务。"天顺年制"铭文卵白釉盘生产于天顺元年，由于元朝天顺年号仅使用不足一年，故而，生产数量应极为稀少。由此可见，泰定之后，浮梁瓷局虽然归属饶州本路管理，但宫廷制瓷摊派依然频繁。

"浮梁瓷局"官营生产体系

浮梁瓷局职能转变反映元代官营瓷业制度变迁，元朝匠籍制度系官人匠、军匠、民匠互不归属。浮梁瓷局设立之初匠户不

---

① 沈琼华《韩国新安沉船出水文物精华》北京：文物出版社，2012年。

足一百，归属将作院之后数量有所增加。刘新园先生在《景德镇早期墓葬中发现的瓷器与珠山出土的元、明官窑遗物》一文中提到"景德镇元代瓷窑遗址主要集中在市区与湖田窑两地，……分布在市区的元代瓷窑，有落马桥红光瓷厂、珠山、中渡口珠山区政府基建工地、曾家弄以及风景路等基建工地，我们曾在这些工地上都先后发现过青花、红绿彩与枢府类型的白瓷，只不过白瓷数量极大，青花瓷较少……"[①] 由此说明，军匠与民匠同在一处窑厂进行生产，军匠所生产"枢府"瓷器并无独立窑厂。至元三十年，归属将作院之后，浮梁瓷局也由正九品升为从八品。泰定元年，由本路管理之后，宫廷制瓷改为临时性摊派，由此之后，由中央派官员到浮梁监督瓷业。此时，瓷匠应是浮梁地方所招募的民匠，而系官人匠已不属于浮梁瓷局直接管理。"1988 年明御厂故址北侧，现风景路中段马路边一条深约 1.5 米的沟道中发现一批元代官窑瓷器，器物品种有青花五爪龙纹罐、盒，金彩孔雀绿釉器等。"[②]（图 19）可见，负责宫廷瓷器制作的系官人匠还是多集中于一处生产，在元代晚期，应存在浮梁瓷局所属的独立窑厂。高安窖藏所出土的器物中卵白釉有印有五爪龙纹的现象，而青花产品则为三爪、四爪龙纹。说明青花瓷器晚于卵白釉瓷产生，而宫廷对其纹饰规定更加严格。

---

① （明）宋濂《元史》卷六十二志第十四，清乾隆武英殿刻本 3932 页，北京：中华书局，1976 年。
② 《景德镇发现一批元代官窑瓷器》《光明日报》1990 年 9 月 14 日。

图19 祭蓝五爪龙围棋罐和青花五爪龙围棋罐

元代孔齐《静斋至正直记》卷二："饶州御土，其色白如粉垩，每岁差官监造器皿以贡，谓之'御土窑'。烧罢即封，土不敢私也。或有贡余，土作盘、盂、碗、碟、壶、注杯、盏之类。白而莹，色可爱，底色未着油药处，犹如白粉，甚雅。"^①至正时期浮梁瓷局承担向宫廷进贡瓷器的任务。而御土窑仅为制瓷采土之处，并非窑厂。御土在进贡之余，归于匠户所有，生产民用器皿出售。证明至正时期浮梁瓷局工匠只承担临时摊派制瓷任务，浮梁瓷局提供优质瓷土，官匠负责烧造。孔齐主要活动于元朝晚期，证明浮梁地区于元朝晚期仍承担宫廷制瓷任务。元代晚期，浮梁瓷局疏于宫廷制瓷监督，将御土流向民间窑厂。"陶土出浮梁新正都麻仓山以千户坑、龙坑坞、高路坡低路。"^②景德镇

① （元）孔齐《静斋至正直记》卷四，清毛氏钞本73页，上海：上海古籍出版社，1987年。
② （清）蓝浦《景德镇陶录》卷九，清嘉庆刻同治补修本38页，济南：山东画报出版社，2004年。

元代之后改变之前以单一的磁石为制瓷原料，开始使用以磁石与高岭土的二元配方，而御土应为麻仓山所产土矿。浮梁瓷局对于制瓷原料控制严格，而元代二元配方对于高岭土原料有所要求。由此可见，元代至正时期，浮梁瓷局已经有了制瓷原料、工匠、固定制瓷地域完备的生产系统，中央还派遣官员对浮梁瓷局进行监督。所生产产品在纹样上具有等级标准，以五爪龙纹、吉语款瓷器区别于其他类型器皿。但在元朝早中期，浮梁瓷局直属于工部、将作院所管理。泰定之后归于饶州本路监管，直到至正时期，浮梁瓷局所产产品类型多样，形成并具有独立的窑厂、制瓷原料控制、纹饰设计等完备制度。可以说浮梁瓷局发展至元代晚期已经归属为官窑系统。

综上所述，浮梁瓷局设立之初主要为适应元代匠籍制管理，经过不同时期演变，其属性与职能也相应发生改变。在产品特征上形成早期以青白瓷、中期以卵白瓷以至于晚期青花、颜色釉多类产品共存的面貌，产品类型的演变与浮梁瓷局职能的转变具有密切联系。至正时期，浮梁瓷局所辖瓷业形成较为完备的官窑体系。元代官营瓷业制度应为宋代以来官窑制度的延续，但在浮梁瓷局管理体系下，瓷匠隶属关系更为明确，对生产资料与产品控制更为严格。元代官窑生产系统隶属浮梁瓷局，承担宫廷制瓷与外销制瓷双重生产任务，所属系官人匠在浮梁瓷局不同时期承担的任务也有所变化。说明元代瓷业进一步向官窑、民窑不同属性分化，但元代官窑生产、消费与使用对象并没有与民窑完全分离。浮梁瓷局所属工匠与民间工匠在生产资料使用上基本一致，民匠也承担宫廷的摊派任务。至正时期，浮梁瓷局所生产的产品趋于丰富，在纹样设计、制瓷原料控制上更为严格，形成了完备的官窑生产体系与管理制度。

明"空白期"御器厂不署纪年款原因探析

摘要：明代正统、景泰、天顺时期因纪年款瓷器存世较少，被称为明代制瓷史的"空白期"。三朝历时二十八年，正统时期为"空白期"制瓷业开端。以御器厂法令为主要文献依据，结合近年景德镇御器厂出土实物资料。对空白期御器厂产品形态、管理模式进行归纳，研究空白期纪年款瓷器生产数量较少的原因，并探析"空白期"御器厂制瓷制度与管理形态。

关键词：纪年款、空白期、御器厂、制瓷法令

景德镇御器厂于洪武三十五年建立[①]。御器厂是专为宫廷制作瓷器的官方生产机构，其为宫廷所管理，产品亦为其所控制，并派官员进行督造的窑厂。明代"空白期"御器厂生产形态与产品特征也受到宫廷法令的制约。以正统三年、正统六年、景

---

① 明 汪汲 《事物会原》卷二十八．古饶器条

泰元年、天顺元年进行分期研究，以文献分析与出土实物为主要依据，对于不同阶段制瓷业法令、产品特征的进行研究，探析空白期瓷器不署纪年款原因。

"空白期"御器厂停烧、恢复与发展

正统为明英宗朱祁镇所使用年号，正统御器厂瓷业制度及工艺继承宣德御器厂制瓷基础。宣德八年："尚膳监题准烧造龙凤瓷器，差本部官一员，送出该监式样，往饶州烧造各样瓷器四十四万三千五百件。"[①] 宣德八年，龙凤纹样瓷器烧造任务多达四十余万件，证明御器厂在宣德时期已具备较高的生产水平与规模。宣德十年正月壬午条："各处罢办诸色丝，纱罗段匹及一应物件并续造段匹，抄造纸札，铸造铜钱，烧造饶器，煽炼铜铁，采办梨木板及各处烧造器皿，买办物料等件，悉皆停罢。其差去官内外官员人等，即便回京，违者罪之。"[②] 宣德末期，已停止景德镇御器厂瓷器烧制任务，并将管理御器厂的官员召回，表明正统之初，御器厂已经停止瓷器烧造活动。"我朝洪武之末，始建御器厂，督以中官。"中官为宫廷内侍，监督御器厂的生产活动，而将其召回，也佐证于宣德末，景德镇御器厂皆以停烧。正统元年"江西浮梁县民陆子顺进磁器五万余件上令送光禄寺充用赐钞偿其直。"[③] 明英宗登基之后，御器厂也

---

① 明 徐溥等《大明会典》卷一百九十四 工部十四扬州：广陵书社 2007 年
② 明 佚名《明英宗睿皇帝实录废帝附》明英宗睿皇帝实录卷之一台湾：中央研究院历史语言研究所 1963 年校印本
③ 明 佚名《明英宗睿皇帝实录废帝附》明英宗睿皇帝实录卷之二十二台湾：中央研究院历史语言研究所 1963 年校印本

并未开始御窑瓷器的烧制，而是向民窑瓷器进行购买。光禄寺是专管皇帝御膳之事，所定制瓷器也应为实用器皿。与御贡窑制度、官搭民烧制度有所不同，正统元年购买瓷器完全由民窑所生产，政府并未参与瓷器生产过程。证明正统早期御器厂生产已经终止，而宫廷所需瓷器完全是民窑提供，明代早期，纪年款识多流行官窑器皿，民窑器物较少书写纪年款识。明代中期民窑产品没有书写款识的传统，所以在正统三年之前未有纪年款瓷器出现。

正统三年十二月丙寅"命都察院出榜，禁江西瓷器窑场烧造官样青花白地瓷器于各处货卖，及馈送官员之家。违者正犯处死，全家谪戌口外。"[①] 官样青花是由景德镇御器厂所控制生产，而法令禁止民间窑厂烧制官样器皿，证明景德镇御器厂已经开始进行瓷器的生产，而景德镇民窑仿制御窑产品，故而禁止。证明正统时期景德镇御器厂至晚于正统三年恢复制瓷生产，此前是以宫廷原有瓷器以及民窑瓷器为主要使用对象。正统六年："宫殿告成，命造九龙九凤膳案诸器，既又造青龙白地龙缸。王振以为有璺，遣锦衣指挥杖提督官，敕中官往督更造。"[②] 龙缸窑于洪武时期已经有所设置，生产遗物在景德镇御器厂遗址也有发现。而通过史料分析，正统六年制作的龙缸质量较差，应有窑裂现象存在，王振对提督官进行惩罚。而在传世正统瓷器中

① 明 佚名《明英宗睿皇帝实录废帝附》明英宗睿皇帝实录卷之四十九台湾：中央研究院历史语言研究所 1963 年校印本
② 清 张廷玉《明史》食货六．烧造 中华书局 1974 年版．

并未发现龙缸实物，宫廷所用大缸以铜缸所代替。证实正统六年景德镇御器厂生产水平较低，对于难度较高的器物无力制作。原因之一是由于宣德末年御器厂停止瓷器烧造，使御器厂制瓷技术没有得到持续发展，生产质量降低。另外，提督官是由景德镇当地官员担任，一般只负责临时烧造任务，并未形成由宫廷所派中官监督的生产体系。正统六年之前宫廷并未向御器厂派中官监督瓷器生产，以地方官员管理瓷器生产，不能反映御窑瓷器的制样标准以及宫廷用瓷风尚。御器厂遗址正统地层中，发现较多小型斗彩器皿。正统十二年："禁江西饶州府私造黄、紫、红、绿、青、蓝、白地青花等瓷器，命督察院榜谕其处，有敢仍冒前禁者，首犯凌迟处死，籍其家资，丁男充军边卫，知而不告者，连坐。"[①] 史料所指黄、紫、红、绿、青、蓝、白地青花等瓷器，与明万历时期史料比较："本朝窑器，用白地青花间装五色，为古今之冠，如宣窑品最贵，近日又贵成窑，出宣窑之上。"前后所指应为后世所称"斗彩"瓷器类型，而且为御器厂所专门生产的主要品种。"白地青花间装五色"为明代正统时期对"斗彩"瓷器称谓，明代正统时期民窑也生产大量的白地青花器物，所以史料并非是指禁江西饶州府私造各类色釉青花器皿，而是特指"白地青花间装五色"瓷器类型，即为后世所称斗彩。而斗彩中紫彩彩料仅在成化器物中有少量发现，

---

① 明 佚名《明英宗睿皇帝实录废帝附》明英宗睿皇帝实录卷之一百六十一 台湾：中央研究院历史语言研究所 1963 年校印本

被称为"姹紫"。但史料证明在正统时期，斗彩工艺已使用紫色彩料。这类器皿也反映明代中期"斗彩"制作工艺为御器厂所垄断，产品生产只存在于御窑系统之内。御器厂正统地层发现斗彩半成品，也证明斗彩工艺于明代空白期有发展（图1）。正统地层所发现器物一部分与宣德时期器物相似，但也有创新。

景泰元年，经土木堡事变之后，朱祁钰以亲王继承大统。景泰二年（1451）二月初八日，吏部主事李贤疏陈政本十策："勤政学，顾箴警，戒嗜欲，绝玩好，慎举措，崇节俭，畏

图1 正统斗彩莲池盘 景德镇御窑厂遗址出土 景德镇市陶瓷考古研究所藏

天变，勉贵近，振士风，结民心。景帝嘉纳，令录示左右。"景泰帝在位七年，例行节俭，景德镇御器厂瓷器摊派任务相对较少。史料之中仅见景泰五年减免瓷器烧造条文，"景泰五年奏准光禄寺日进月进内库并赏内外官瓶坛俱令尽数送寺备用量减岁造三分之一。"[①]景泰时期御器厂瓷器烧造数量较少，并多次减少御器厂所制瓷器任务。景泰时期，宫廷所用祭祀瓷器数量大为减少，改变洪武以来主要以瓷器作为祭祀用具，开始以其他材质代替陶瓷产品。"社稷旧制皆用瓷爵景泰年易之以玉。"

---

① 明 申时行《大明会典》卷一百九十四工部十四 扬州：广陵书社 2007 年

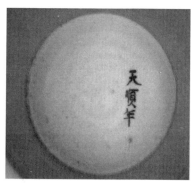

图 2 天顺波斯文三足炉 故宫博物院藏

所以景泰年间，御器厂瓷器生产数量较少，并无发现典型御窑产品。

天顺元年："仍委中官烧造。"[①]证明英宗复辟之后，继续于景泰御器厂基础上进行瓷器烧制。并沿用之前御器厂管理模式，委派内监去景德镇进行瓷器督造，证明御器厂自景泰五年之后，瓷器仍然烧造。天顺三年：十一月乙未"光禄寺奏请于江西饶州府烧造瓷器共十三万三千有余，工部以饶州民艰难，奏减八万，从之。"[②]天顺时期景德镇御器厂虽有所烧制，但在数量上却大为减少。"天顺三年奏准光禄寺素白瓷龙凤碗碟减造十分之四。"白瓷龙凤碗碟应为御器厂专门生产。天顺时期具有明确纪年款的御窑产品存世较少，波斯纹青花三足炉（图2）为现存纪年款标准器，款识书写于器物内部。表明在器物上款

① 清 唐秉钧《文房肆考图说》卷三清乾隆刻本
② 明 佚名《明英宗睿皇帝实录废帝附》明英宗睿皇帝实录卷之三百九台湾：中央研究院历史语言研究所 1963 年校印本

识书写较为随意，并无严格的标准。此件香炉使用苏麻离青料绘画，也表明天顺时期御窑所使用青料继续沿用永宣以来的钴料。成化元年即位诏书"江西饶州府，浙江处州府见差内官在彼烧造磁器，诏书到日，除已烧完者照数起解，未完者悉皆停止，差委官员即便回京，违者罪之……光禄寺器皿及喂养牲口桶……等件，自天顺五年以前拖欠未完者悉与免。"[①]也证明天顺时期，御器厂瓷器生产效率较为低下，天顺五年之前的生产都未完成，成化元年御器厂再度停烧。

御器厂不署纪年款原因

减少御器厂制瓷摊派任务

正统元年景德镇御器厂生产的暂停，与宣德时期景德镇制瓷业生产技术与规模产生分离有关，所用瓷器开始向民间购买。而明中期民窑瓷器多不书写款

图 3 景德镇御窑厂正统地层出土景德镇市陶瓷考古研究所藏

识。明中期景德镇工匠管理沿用元代匠籍制度，但以轮班制进行生产。御器厂停烧，御器厂制瓷工匠只得回籍从事个体民窑陶瓷的生产活动。之后再度征募工匠，也将民窑的制瓷工艺带至御窑瓷器的生产之中，正统御器厂地层中也发现有民窑典型器物（图3）。说明至晚于正统三年恢复御器厂生产之后，存在

---

① 清 张廷玉《明史》卷八十二 中华书局1974年版.

以民窑器物标准在御器厂内进行生产现象。"空白期"御器厂产品制作数量大为减少，朝廷法令时常下旨减少原定瓷器制作数额，使用器皿大为减少。相比较宣德时期御器厂制瓷任务，空白期瓷器摊派数量缩减，都是使得御器厂纪年瓷器流传较少的原因。

年号使用时间相对较短

正统十四年、景泰七年都发生过政局动荡的事件，土木堡事件与夺门之变。而御器厂的制瓷任务，样式定制都是通过内府定制。皇帝年号频繁更换，使用时间相对不长。相比之前永乐、宣德年号所使用的时间，景泰、天顺两朝相对过短，而在此期间御器厂逐渐恢复生产，生产工艺与规模都较之前有所下降。相比宣德时期，正统、景泰、天顺三朝皇帝例行节俭，一再减少御器厂瓷器派烧数量。故而，空白期御器厂瓷器生产数量不多。每朝瓷器生产并没长期使用同一年号进行生产，纪年瓷器流传数量不多。景泰时期宫廷用瓷也多被其他材质器皿代替，所以宫廷所用瓷器器皿有所减少。

纪年款在空白期制瓷业并无定制

以永乐、宣德时期故宫所藏御器厂瓷器为研究对象，永乐时期书写纪年款瓷器极为少见，鲜红釉印花云龙纹高足碗、青花压手杯等小型器物带有"永乐年制"篆书纪年款识，而其余类型均不带有纪年款。宣德时期，纪年款瓷器虽有所增加，但多书写于陈设器皿与小型器皿，实用器皿基本不书写纪年款识。表明在正统之前，景德镇御器厂并未将瓷器纪年款识书写作为定制。而正统至天顺时期，多是向御器厂派遣实用器烧造的指令。生产器皿大多为实用器，陈设器与把玩器生产数量较少，纪年款瓷器生产数量更少。仅由光禄寺等机构向御器厂摊派制瓷任务。但比较宣德时期纪年款书写习惯，在实用器物上纪年款识书写较少。明代空白期生产实用器数量较多，但也有具有纪年款的瓷器存在，但存世量极少。说明空白期纪年款瓷器生产无所定制，尚未形成御器厂瓷器生产所必备的规制。

结语

通过对"空白期"景德镇御器厂制瓷业发展的归纳研究，纪年款识瓷器与年号更换频繁、宫廷例行节俭等客观因素有关。但也证实在此时期，御器厂纪年款识的书写尚未形成定制，故而，正统、景泰、天顺三朝形成没有御器厂纪年标准器的条件。

景德镇瓷器装饰飞鱼纹图像学研究

摘要： 通过对明代景德镇飞鱼纹瓷器图案装饰的图像意义阐释，依据实物资料与明代文献，探究飞鱼纹于瓷器装饰中的功能变迁与美学演变因素，研究飞鱼纹造型渐变序列与图案装饰的意义。归纳飞鱼纹在不同时期的图案内涵，以其图案与装饰地位变迁探究明代官窑制瓷制度的演变。

关键词： 飞鱼纹、御窑、民窑、图案装饰

明代"飞鱼纹"造型渊源及瓷器装饰应用

飞鱼纹顾名思义是以飞鱼为主要造型元素进行图案装饰。飞鱼作为一类兽物纹样，在《山海经·西山经》《太平御览》等文献中都有描述。《山海经·西山经》："泰器之山……多为瑶鱼，状如鲤鱼，鱼身而鸟翼，苍文而白首赤喙，长行西海而

游于东海，以夜飞。其音如鸾鸣，甘味酸生，食之以狂，见则天下大穰。"早期文献将其描写为类鱼类鸟之兽，图案预示太平之意。但至今并没发现早期飞鱼纹图案纹样，也可证明飞鱼纹于早期没有具体的图案造型，是民间传说之物，预示太平吉祥。而飞鱼纹的具体造型是北宋之后才逐渐出现。北宋《太平御览》记载："飞鱼身圆，长丈余，羽重沓，翼如胡蝉，出入群飞，游翔翳荟，而沉则泳海底。"天津博物馆藏北宋飞鱼纹铜镜，在飞鱼造型上仍是以鱼纹为主要装饰特征，在鱼纹的基础上，增加双翼，造型灵动。明代之前飞鱼造型并无统一标准，然而，双翼、鱼尾、鱼身是其类别特征。说明明代之前，飞鱼纹在瓷器、服饰、金银器装饰上运用广泛。在明代飞鱼形象比前朝更加完备，明代飞鱼造型是以龙的形象为基础，以龙首、双翼、鱼尾为主要构成部分，双足而四爪。关于飞鱼纹造型渊源具有两类观点，一类认为，飞鱼纹样最早来源于印度的摩羯纹，但与唐代流行的白釉摩羯壶相比，在首部造型上确有不同。摩羯为佛教圣物，在唐宋时期较为流行。《山海经》成书于先秦时期，证明"飞鱼"一物早已有之。另一类观点认为飞鱼纹为本土固有纹饰，非异域文化传播。明代飞鱼纹造型完备，在首、身、尾各部都保留华夏传统龙纹以及其他纹饰因素，并不带有异文化装饰特征。飞鱼纹作为图案装饰也具备文化象征性，《明史·舆服志三》："（正德十三年）赐群臣大红贮丝罗纱各一。其服色，一品斗牛，二品飞鱼，三品蟒，四、五品麒麟，六、七品虎、彪。"明代中期，飞鱼纹服饰作为赐服，飞鱼纹为图案等级标志。在明代流行的蟒纹、斗牛纹、飞鱼纹都是以龙纹基本形象进行变异。"蟒衣为象龙之服，与至尊所御袍相肖，但减一爪耳。""斗牛如龙而觥角。"三类纹饰之间在爪部、角部都有所差别，飞鱼纹主要作为官员赐服与宗室所使用的图案装饰，体现其使用等级与文化内涵。

　　明代飞鱼纹作为一类具有等级象征性的纹饰出现于明初，可见，明代已将飞鱼纹作为等级象征的纹饰，区别于前朝。明早期飞鱼纹作为瓷器装饰仅见于青花、斗彩等类型的艺术形式。在宣德青花中，飞鱼纹饰作为单独的形象出现，并在造型上直接继承永宣时期龙纹的特点，一改洪武时期，龙首挺拔，身形修长的风格。明初为飞鱼纹造型的形成期，明代之前，飞鱼纹只见于文献描述，飞鱼纹造型实物出现较少。明代飞鱼纹是以龙的形象为基础，可见飞鱼纹在明代图案设计中为龙纹的衍生纹饰，具有龙纹的文化象征性。但在纹饰使用的等级上，相对龙纹较低。在《明史·舆服志》中，飞鱼服仅为赏赐外戚功臣之用。故宫博物院所藏宣德青花飞鱼纹罐在以飞鱼纹为主体的装饰中，配以海水纹样，体现飞鱼游于东海的习俗，整体装饰效果气势磅礴。飞鱼纹作为明初官窑垄断纹样，体现宫廷审美风尚与身份象征。成化时期，飞鱼纹在继承永宣造型基础上，造型图案表现灵动。与明初飞鱼纹作为主体装饰不同，成化飞鱼纹饰与其他海兽共同组成完整图案，或为龙纹的辅助纹饰，表明飞鱼纹的等级身份的象征性开始下移，仅仅作为主题龙纹的辅助图案使用。正德年间，飞鱼纹形象更加完备，出现双足四爪之貌，区别于龙纹的五爪四足，形成具有完备特征的飞鱼造型，图案在装饰表现上由静态向动态转变，此时也成为飞鱼纹向世俗化装饰发展的阶段。自嘉靖之后，飞鱼纹在景德镇民窑瓷器装饰中大量运用，打破官、民纹饰使用的界限，得以广泛流行。逐渐失去象征身份等级的装饰意义，演变为民间所崇尚的图案纹样。由此证明飞鱼纹于明代中期以前作为一类身份等级的象征纹样，在飞鱼造型中大量借鉴龙纹的主要特征，然而正德之后，飞鱼纹开始作为民间瓷器装饰的纹样大量出现，在纹饰设计上，也开始改变以往庄重造型，开始向生动灵巧转变。

明代瓷器装饰飞鱼纹造型演变

明代飞鱼纹瓷器装饰图案分期研究分为明代早期、中期与晚期三个阶段。明早期以宣德海水飞鱼纹大罐为代表，飞鱼首部具备明初龙首的特征，形象凶猛，双翼伸展，呈动态变化。洪武至宣德时期飞鱼纹装饰瓷器较少发现，大多集中在景德镇御窑产品之中，在民窑产品中并无发现。证明明代早期，飞鱼纹为皇家所垄断，成为宫廷瓷器装饰的象征。《大明律》规定："官吏军民等，但有僭用玄、黄、紫三色及蟒龙、飞鱼、斗牛，器物僭用朱、红、黄颜色及亲王法物者，俱比照僭用龙、凤文律拟断，服饰器物追收入官。"《大明律》颁行于洪武三十年，对飞鱼纹使用规定严格，与龙凤纹同为皇家专用。参照瓷器实物研究，明早期飞鱼纹形象是以龙纹为主要造型基础，但在使用等级上应当低于龙纹。明中期以后，正统至天顺时期，未发现飞鱼纹装饰瓷器实物，应与这一时期景德镇御器厂制瓷业衰退有关。成化时期，飞鱼纹在瓷器装饰中的地位有所下降。成化时期，飞鱼纹虽为官窑瓷器的重要装饰纹样，但只作为龙纹的辅助纹饰使用。故宫博物院所藏成化青花海水异兽盘上的飞鱼纹样，造型灵动，身躯较长，但并无足部所构成。正德时期，飞鱼纹逐渐出现于民窑瓷器装饰中，飞鱼纹使用权利的下移是由于赐服过滥所引起，"内库所贮诸色纻丝、纱、罗织金闪色蟒龙、斗牛、飞鱼、麒麟、狮子同袖膝襕并胸背斗牛、飞仙、天鹿，俱天顺间所织，钦赏已尽。"由于明武宗大量赐服，使飞鱼服使用范围扩大，而官员追求身份认同，将飞鱼纹作为自身等级的象征。明代官员的瓷器供给是由民窑所完成，故而，民窑瓷器装饰飞鱼纹与士大夫审美体现与身份追求有关，但飞鱼纹造型描绘较为简略，是由民窑绘画特点所决定。明后期，飞鱼纹在民窑纹饰中大量出现，与市民阶层的兴起有重要关系。商品经济发展，市民阶层对身份认同的追求，使纹饰使用的僭越现象时有发生。嘉靖之后的飞鱼纹改变以龙纹为造型基础，开始以蟒纹为造型基础进行主体造型设计。蟒纹在使用等级上低龙纹一等,体现飞鱼纹在明后期向世俗化转变的趋势。"（嘉靖）十六年,群臣朝于驻跸所,兵部尚书张瓒服蟒。帝怒,谕阁臣夏言曰:尚书二品,何自服蟒?言对曰:瓒所服,乃钦赐飞鱼服,鲜明类蟒耳。"据此可知,在嘉靖时期,飞鱼纹造型类似于蟒纹,蟒纹与龙纹相肖,但减一爪。飞鱼纹形象装饰比先前更加完备,在原有造型基础上增加了双足四爪,以区别于龙纹的四足五爪。明后期御窑厂实行官搭民烧制度,使官窑典型纹饰大量流入民间窑厂。隆庆、万历时期,飞鱼纹普遍出现于官、民不同属性的瓷窑产品中,明后期飞鱼纹作为一类纹样代表等级的观念正在消退,而代表吉祥太平的艺术图案为晚明审美追求,适应世俗化美学的需要。

器物类型	时代	图案描述	器物图像
飞鱼纹铜镜	北宋时期	以鱼纹为主要造型依据,飞鱼纹作为主体图案	
宣德海水飞鱼纹大罐	明代宣德	对称装饰青花飞鱼纹图案,以龙纹为造型主体	
成化青花海水异兽罐	明代成化	飞鱼以红彩描绘,突出飞鱼主体	

器物类型	时代	图案描述	器物图像
万通墓出土嵌宝石飞鱼纹金执壶	明代中期	飞鱼纹为主体，纹饰刻画位置较为固定	
孔府红纱飞鱼袍	明代中期	开始以蟒纹为主体，进行飞鱼图案造型设计	
清代乾隆刷漆飞鱼纹盒	清代乾隆	以多类飞鱼造型组成完整图案	

明代飞鱼纹瓷器装饰横、纵向比较以及飞鱼纹消亡原因

明代瓷器作为工艺美术的一类，区别于其他艺术形式，以绘画作为装饰的主要手段。飞鱼纹陶瓷装饰横向与明代服饰、金银器相比较，具有自身材料、工艺特点。明代万通墓出土嵌宝石飞鱼纹金执壶，为明代中期作品。在飞鱼造型上略显规矩，金银器材质较为坚硬，不便于造型描绘。而在瓷器上绘画较为自由，成化青花飞鱼纹盘，以平等青为着色剂，绘画细致，表现自由，突破了其他材质对飞鱼纹样的表达束缚。青花作为景德镇瓷器装饰的主要类型手段，讲究绘画技法与青花呈色，相对金银器纹饰而论，瓷器绘画更加可以表现飞鱼纹的动态美。

明代飞鱼纹服饰最早可考的为孔府旧藏红纱飞鱼袍。"官民服饰皆有定制，今闻有僭用织绣蟒龙、飞鱼、斗牛及违禁花样者，尔工部其通谕之。"明中期之前，对飞鱼服饰限定十分严格。孔府红纱飞鱼袍以飞鱼作主题纹饰，但比较明代瓷器绘画，在飞鱼造型上具有一致性。御窑瓷器飞鱼形象更多保留龙纹的造型基础，与同期其他器物比较具有个性特征。明代万历之后，随着飞鱼纹图案在民窑瓷器中大量出现，在绘画风格上省略了早期飞鱼纹的组成结构。与明后期飞鱼纹服饰相比较，由于民窑图案装饰的随意性，使飞鱼纹瓷器装饰成为一类民间图案。从此，民间用瓷大量出现飞鱼纹样，改变了其象征性意义与文化内涵。以飞鱼纹纵向发展为主线，自宣德至万历时期，飞鱼纹经历纹饰形成雏形，到形象基本完备，演变至民间流行纹样。纹饰使用制度的下移与御窑厂的衰落为飞鱼纹向世俗性演变的客观条件。明中期之前，作为皇家用瓷主要装饰图案，其使用对象由宫廷所控制，此时，飞鱼纹的等级象征性为主要装饰意义，比其图案呈现重要。而在之后，由于御窑厂的衰落，飞鱼纹饰在民间开始大量流行，所反应的等级象征性意义开始减弱，作为传统的纹饰，具有龙纹的造型基础，成为市民阶层所追求的吉祥纹饰。因使用对象与装饰功能的转变，飞鱼纹在明代形成由产生，发展至完备丰富的过程。

在纵向比较中，明代飞鱼纹瓷器装饰纹样与前朝飞鱼纹样相比，在飞鱼造型中，借鉴了大量龙纹造型因素。宋代铜镜上飞鱼纹造型还是以鱼纹为造型主体，缺乏明代飞鱼纹庄重的造型风格。明代飞鱼纹样在借鉴前朝的基础上，具有身份等级的象征性意义；在飞鱼纹造型设计中融入了大量的龙纹造型因素，而在清代瓷器纹饰、服饰纹饰之中都没有发现典型飞鱼纹造型图案。可见清代飞鱼纹已经不再流行。飞鱼纹在明代成为一类具有等级属性的纹样制度，之后因清代所用纹饰具有自身的发展体系，宫廷所用纹饰并没有完全继承明代飞鱼纹的纹样制度。但明代飞鱼纹为前代飞鱼纹饰发展的总结，并使之成为一类具有规范性的纹样制度。

明后期飞鱼纹图案转变原因以及对后世图案装饰影响

官府用瓷来源的转变

作为明代社会的特殊阶层，明代官员在审美情趣与文化品位既追求身份等级象征又偏好民间风俗娱乐。明后期官员的审美追求在瓷器图案中有所反应，依据图案表现内容不同，主要可以分为传统纹饰与新兴纹饰等。反映在明后期用瓷制度，官员用瓷打破官窑、民窑的属性界限，在传统官窑瓷器图案装饰上，又吸收民间市井文化图案进行审美的需要。

在明代中期之前，官府用瓷主要由御器厂进行供应，图案装饰具有严格的使用界限，为身份等级的标志。由于万历之后，御器厂的衰落，大部分官府用瓷交由民窑代为烧造，所以造成官府图案绘画水平下降，并扩大了图案装饰的对象。正德时期，由于大量赐服，使得飞鱼纹使用范围扩大，下层官僚也得以使用飞鱼纹饰，改变了之前对飞鱼纹使用的界限，成为飞鱼纹使用权利下移的时期。明后期由于御器厂的消亡，许多器物改由民窑制作，而官府的瓷器大多在景德镇民窑定烧，故而，万历之后的官府瓷器在图案装饰上更加体现官员的审美心理。在墓葬中也发现有普通的民窑器物，飞鱼纹图案简略，绘画灵动。也反映了明代嘉万之后，官窑、民窑之间的属性界限开始缩小。

明后期市井文化的兴起

明后期商品经济的发展，市民阶层开始追求自身的文化审美，成为社会审美主流风尚。而明后期官府用瓷多为民间窑厂所烧制，打破传统的官窑、民窑图案设计界限。用瓷也在传统图案基础上，广泛吸收民间图案特征。区别于御器厂所生产的传统器物，在图案装饰上更具有社会风俗性与时代特征。此时瓷器选用体现自身审美追求的器物图案，而市井文化则迎合明后期瓷器装饰的审美要求。飞鱼纹也作为一类吉祥图案在民窑瓷器装饰上广泛运用，在此时期，飞鱼纹失去文化象征性的意义，仅仅作为一类吉祥图案在民间广为流行。市民阶层追求身份象征性，使用具有传统等级象征的飞鱼纹饰为其所求，在明后期民窑瓷器装饰中飞鱼纹只是作为一类装饰题材而已。

官搭民烧制度的实行

明代嘉靖之后，由于宫廷、官府所需求的瓷器数量庞大，御器厂无力生产，改由官窑出资，由民窑进行瓷器烧造的制度。此前，官府所用瓷器大多由御器厂所提供，在传统的飞鱼纹绘画上较为细致，构图严谨。而明后期官府用瓷也为官府出资，由民窑绘画而成，在图案设计上与御器厂器物相比较为粗略。传统的飞鱼纹绘画风格繁缛精细，而民窑装饰在细部结构上略有省略，将传统的图案结构简单概括。在传统官窑纹饰中增添民窑装饰图案，使得明后期官府用瓷图案中既具备官窑瓷器的庄重典雅，也具备民窑瓷器的灵动活泼。明万历后期，景德镇民窑发明煅烧法提取青花钴料，青花呈色更加明朗艳丽，对于飞鱼纹图案的表现具有重要作用，也为民窑瓷器图案描绘提供技术支持。

图案使用制度的宽松

明代嘉靖之后，政府很少颁布有关飞鱼纹图案使用的禁令，在明代洪武时期、正统时期都有条文规定。而在明嘉靖之后，关于图案纹饰的使用规范逐渐松弛，主要有两方面原因导致。一方面，飞鱼纹在明后期社会市民阶层中开始流行，成为民间所使用的图案纹样。另一方面，飞鱼纹原本是在龙纹基础上进行演变，在等级使用中，较龙纹等级低。所以在飞鱼纹的使用界限上要求并不严格。明代对飞鱼纹所使用制度的宽松，造成其在民间使用普遍化，在万历之后的瓷器装饰中大量运用与流行。嘉靖之后，飞鱼纹是以蟒纹为造型基础，在等级上较龙纹低。由于万历御窑厂的衰落，民间窑厂也吸收大量的官窑纹饰。民窑图案设计采用蟒纹为基础，降低图案身份象征意义，使得飞鱼纹在明代后期的形象发生改变，以适应民间瓷器装饰特征。

飞鱼纹对后世图案装饰的影响

飞鱼纹自明代晚期在民间开始流行之后，已失去图案的身份等级象征性意义。而在清代宫廷用器中并没有发现典型的飞鱼纹装饰器物，在民间器物中也较少发现飞鱼纹装饰类型。但在清代民间器物装饰中，飞鱼纹已经改变明代以龙纹为造型主体进行的造型设计，又开始回归以鱼纹为主体进行飞鱼纹造型的纹样设计。并且是多组飞鱼纹组合成为完整的图案纹样，改变了传统的以单一的飞鱼造型作为装饰。说明清代飞鱼纹造型在继承传统造型基础之上，进一步向民俗与世俗两方面发展，不再局限于明代飞鱼纹所代表的等级象征性，成为民间实用的吉祥装饰纹样。

结语

明代飞鱼纹瓷器装饰具有自身的演变规律与艺术表现，结合明代审美风尚、使用制度研究，梳理飞鱼纹造型演变序列。可以说明飞鱼纹自明代以来，在其使用等级上呈衰落态势，而飞鱼纹图案内涵逐渐向民俗化与世俗化转变。以飞鱼纹图案的变迁解释明代景德镇官窑制度的发展演变，通过横、纵向对比研究，归纳飞鱼纹作为瓷器纹饰的独特表现与象征意义，飞鱼纹在明代体现的文化象征性。以明代飞鱼纹瓷器图案梳理明代不同阶段飞鱼纹造型演变序列。在明代，飞鱼纹的使用由身份象征转向寓意表现，也反应明代图案装饰逐渐向世俗化转变，对后世纹样装饰具有一定借鉴作用。从而，以飞鱼纹演变为主要切入点，得出明中期之后，由于商品经济的发展与纹饰使用制度的疏松，使得飞鱼纹向世俗化与民俗化演变。在明代瓷器装饰中也失去等级象征的作用，开始作为民俗性图案被运用于晚明瓷器装饰。

空白期景德镇民窑装饰纹饰的僭越现象探析

摘要： 明洪武至宣德时期，景德镇民窑瓷器所装饰的纹饰仅见植物纹，但至正统时期，代表当时官阶、爵位身份的动物纹在民间窑场中也有所使用。而至景泰时期，这种现象进一步发展。本文通过以民窑生产瓷器的装饰纹饰与当时的服饰纹饰及墓道神兽相对比，发现此时民窑生产具有特殊性。在此基础上，分析了导致此时期民窑装饰纹饰有所僭越的主要原因。

关键词： 空白期、民窑、僭越、装饰纹饰

陶瓷史上的"空白期"概念是指因明代正统、景泰、天顺三朝的纪年款瓷器的发现数量相对较少，因而对该时期瓷器生产的认识较为不全面，同时也缺乏瓷器断代的标型器物。但近年来，随着景德镇御器厂考古工作的不断进展，也相继有一批生产年代明确的瓷器标本出土，这为传世品的断代提供了可靠依据。

永宣时期，民窑青花瓷所绘画的纹饰均是以植物纹为主，而少见动物纹。但至正统时期，景德镇民窑瓷业的生产与之前相比，动物纹饰的运用开始有所增加，一改永宣时期以单一的植物纹为主要的装饰图案，并且本地产生了以麒麟纹为代表的象征官员身份等级的图案。为何这一时期民窑瓷器装饰的图案纹饰有所改变，这是否与此时期的政权变迁、制瓷生产制度相关联，均值得进一步研究。

"空白期"民窑瓷器纹饰的僭越表现

现已发现的正统时期动物纹装饰瓷器是以麒麟纹为主，而其他的动物纹饰则少见。其中在远销东南亚地区的潘达南沉船中出水有青花麒麟纹盘（图1），因发现于东南亚海域，并伴有大量出土的青花瓷器，所以推断应为外销瓷，而明代外销瓷产品大多为景德镇民窑所生产，并且此类产品在景德镇民窑窑址也有所发现（图2），这足可说明正统时期景德镇民窑已开始使用

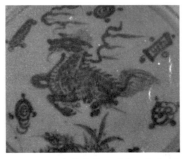

图1 正统时期青花蕉石麒麟纹大盘 潘达南沉船出水

图2 景德镇民窑窑址采集

麒麟作为瓷器的装饰纹饰。考察明代的工艺美术品，使用麒麟纹的装饰通常具有身份等级的象征意义，如明代的官员补服（图4）。《明史·舆服志三》记载："用杂色纻丝、绫、罗彩绣花样。公、侯、驸马、伯服，绣麒麟、白泽。文官一品仙鹤，二品锦鸡，三品孔雀，四品云雁，五品白鹇，六品鹭鸶，七品鸂鶒，八品黄鹂，九品鹌鹑，杂职练鹊，风宪官獬豸；武官一品、二品狮子，三品、四品虎豹，五品熊罴，六品、七品彪，八品犀牛，九品海马。"麒麟纹为代表明代爵位的纹饰表现形式，且在明代，应为公、侯、驸马的爵位身份体现，地位高于其他官阶。但至景泰四年（1453年），麒麟服已不是公、侯、驸马、伯的专用官服（图3），《明史·舆服志三》载："令锦衣卫指挥、侍卫者，得衣麒麟。"这表明至景泰时期麒麟纹饰运用在服饰上表现身份地

图3 泰州出土明中晚期麒麟纹补子

位的等级已有所下降，同时景德镇民窑窑址也发现大量的此类产品，也印证了麒麟纹的使用范围相比永宣时期有所扩大，但民窑可以生产该类产品应有其特殊性。由于麒麟纹饰仅为明代爵位身份的代表纹饰，且通常使用该类纹饰的群体为公候一级，与明宗室在身份上有区别，所以在其使用中可能有所松动。洪武二十四年六月："己未，诏六部、都察院同翰林院诸儒臣参考历代礼制，更定冠服、居室、器用制度。于是群臣集国初以来礼制，斟酌损益，更定以闻。……官民人等所用金银磁碗等器，并不许制造龙凤文及僭用金。"[①] 明初以来，宫廷对于龙纹的使用控制严格，并仅限于明皇室使用。清宫旧藏正统时期龙纹三足炉（图5），其器身绘画龙纹的图案，但在民窑瓷器的产品中未发现装饰有龙纹纹饰的器物，这也表明正统时期对民窑瓷器上龙纹的绘画控制严格，但却在表现官爵身份的纹饰上控制疏松。而在洪武至宣德时期高级官员的家族墓葬[②] 中出土瓷器多为

图4 泰州徐蕃墓出土补服

图5 故宫博物院藏飞龙纹三足炉

① （明）《明太祖实录》卷二百九。
② 明初，鲁王墓、周王墓、汤和、宋晟墓中均有至正型元青花以及洪武时期官窑瓷器的出土。

御器厂产品，而少见民窑的大宗产品，这也充分说明明早期官员用瓷或为皇帝所赏赐，也可能为御器厂直接提供的产品，或者是官员向民窑直接定烧产品。陆万垓《江西省大志》记载："洪武三十五年始开窑烧造，解京供用。有御厂一所，官窑二十座。"以《江西省大志》所记载的御器厂所管理的官窑有二十座，因其瓷器生产的数量有限，所以不可能满足数量众多的官员使用。而出土官窑瓷器的墓葬多为明初公候墓，下层官吏墓葬多以民窑瓷器随葬，故而，推断官吏所使用的瓷器或许是其定烧。当然也可能是宫廷对民窑瓷器生产的装饰纹饰控制严格，所以明早期民窑瓷器的装饰纹饰上不具有装饰麒麟等动物图案，并且民窑瓷器大多装饰有植物纹。但至正统时期，这种制度有所改变，政府对民窑的管理有所松动。

同样，这种动物纹的身份象征性在明代贵族墓葬的神道墓兽上也有所体现。比如明初常遇春墓。常遇春：开平王，谥忠武。其墓葬修建于洪武二年。现存有石望柱一个，石马及牵马人一对，石虎一对，石羊一对，武将一对。而明初徐达墓墓道神兽同样有石马等动物类型（图6）。这说明了墓道神兽也是官员身份的象征因素之一，而在民间庶民的常服以及墓葬附属设施中均不被允许使用动物纹或神兽作为身份

图6 徐达墓神道石马像

象征，这也说明了明代麒麟、马、孔雀、仙鹤等动物纹饰应为禁用纹饰，民间通常禁止使用。但至景泰时期，民窑生产的青花瓷器上发现有孔雀、飞龙、仙鹤、海马等动物纹饰（图7、8、9），表明此时期禁用纹饰在瓷器上的使用进一步扩大。明代正统至景泰时期，公、候等爵位的专用纹饰多出现在民窑生产的瓷器产品中，与明早期民窑瓷器的生产相区别。这也说明了从正统到景泰时期，宫廷对景德镇民窑瓷业生产的控制力进一步减弱。景泰时期的青花飞龙纹盘发现于王玺的家族墓中，王玺为四川土司，其墓葬出土瓷器为民窑所生产，但其器内绘画有飞龙纹纹饰（图8），这也表明代表宫廷用瓷的禁用纹饰民窑也有所使用，但五爪龙纹的器物却未有所生产，《元典章》载："限惟不许服龙凤文，龙谓五爪二

图7 故宫博物院藏景泰青花梅瓶

图8 王玺家族墓出土景泰时期飞龙纹盘

角者。"^① 这也表明了民窑瓷器的装饰纹饰中，仅对二角五爪龙纹之外的龙纹纹饰的使用有所僭越，而有明一代，二角五爪龙纹于民间器物的生产中均禁止使用。由此，正统至景泰时期，从麒麟到海马、仙鹤等民间禁用纹饰都被打破，成为民窑所生产瓷器的装饰纹饰，并进一步僭越专门运用于宫廷瓷器装饰的龙纹纹饰，这都表明了这一时期，明政府对景德镇民窑瓷业生产的管理制度有所松动，曾经的禁用纹饰一再被民窑僭越使用。

图 9 故宫博物院藏景泰时期青花人物罐

① （元）佚名：《元典章·礼部卷二》，元刻本。

"空白期"民窑瓷器纹饰的僭越原因

正统、景泰时期政权更迭的影响

正统元年九月乙卯条："江西浮梁民陆子顺，进瓷器五万余件，上令送光禄寺充用，赐钞偿其直。"[①] 表明正统皇帝在即位之初，民窑窑户曾向光禄寺进贡瓷器达五万余件，此举也充分说明了正统元年，御器厂瓷器的生产数量严重不足，而需要民窑的进贡，或直接向民窑购买。而宣德皇帝驾崩之后，宫廷对一切赏玩之物的生产也悉数停止。"宣庙崩，太后（宣宗母张太后）即命将宫中一切玩好之物，不急之务悉皆罢去，革中官不差。"[②] 由于景德镇民窑存在直接向光禄寺等内廷机构进贡瓷器的制度，进而可以推断在正统初年御器厂生产瓷器的数量较少，或者已经停止了瓷业生产。"宣德十年（1435 年）春正月，英宗初即位，……烧造瓷器……悉皆停罢，其差去内外官员人等即便回京。"[③] 因正统初年，御器厂已经停烧，所以明宫廷直接从民窑购买瓷器，这也打破了之前宫廷的用瓷仅来源于御器厂的限制，且给予了民窑较大的生产权力，其产品可直接进贡宫廷。也可能从这时起，民窑瓷器生产开始突破从前的限制，开始绘画部分民间禁用的动物纹饰。

明英宗"正统"年号使用了仅十四年，由于土木堡之变，英

---

① （明）《明英宗实录》卷二十三。

② （明）李贤《天顺日记》。

③ （明）《明英宗实录》卷一

宗被掳，而由朱祁钰即位，先任监国，后继任皇位，在位也仅六年。因正统、景泰二年号的使用时间较短，再加上皇位交替，使得宫廷对民间制瓷业的管理制度也有所松动。景泰五年，"减饶州岁造瓷器三之一。"[①] 由于正统、景泰时期与北元政权的战争等，使得宫廷对御器厂的投入有所减少。相比宣德时期的瓷器产品，这一时期具有纪年款识的瓷器极为少见，而款识为御器厂所生产瓷器的标志之一，说明此时期官窑瓷器生产具有不规范性，进而反映出宫廷对御器厂瓷业生产的控制有所减弱。

正统、景泰时期民窑生产更具自由性

正统、景泰时期的民窑生产相对其他的手工行业更具有自由性。官员补服以及墓道神兽均有使用规格，也限制在民间的使用。明丘浚《大学衍义补》卷九十八载："我朝定制，品官各有花样，公、侯、驸马、伯服，绣麒麟、白泽，不在文武之数。"这表明对官员所服补服有所限制。又《明史》等举大要记载品官丧礼，曰：凡品官丧，即治棺讣告，丧之明日举行各种祭奠仪式，百日卒哭，"乃择地，三月而葬。告后土，遂穿圹。刻志石，造明器，备大举，作神主。既发引，至墓所，乃窆。施铭旌志石与圹内，掩圹复土，乃祠后土于墓。题主，奉安。"这表明官员的丧葬典礼是由政府制定，其所使用的丧葬器具也应符合其身份等级。由于服饰、丧葬的制度明政府已有规定，故庶民不敢僭越。但在民窑瓷器

---

① 郭子章《豫章大事记》，景泰五年条。

的装饰纹饰使用中，明政府并未有明确的条文所规定，所以也可能成为导致民窑瓷器在绘画纹饰上有所僭越的原因之一。正统三年丙寅条："命都察院出榜，禁江西瓷器窑场烧造官样青花白地瓷器于各处货卖，及馈送官员之家。违者正犯处死，全家谪戍口外。"① 表明正统三年，官员所使用的民窑瓷器与御器厂生产的产品也有所区分，且不由御器厂提供，也佐证官员所使用的瓷器应由民窑所生产，其纹饰在瓷器上也应有所体现。所以正统时期因官员所使用的瓷器均由御器厂所生产，且民窑生产也具有相对自由性，导致了此时瓷器的装饰采用官员的禁用纹饰。

民窑提高其产品竞争力的需要

正统、景泰时期，民间窑场所生产的瓷器均为商品瓷，并向民间市场出售，所以景德镇地区各民窑作坊也存在相互竞争的现象。正统十二年条："禁江西饶州府私造黄、紫、红、绿、青、蓝、白地青花等瓷器。命都察院榜谕其处，有敢仍冒前禁者，首犯凌迟处死，籍其家赀，丁男充军边卫，知而不以告者，连坐。"② 这表明了正统时期民窑已有仿制官窑瓷器的现象，但其产品仅作为商品瓷，因此于瓷器上装饰代表官阶等级的动物纹饰，应当只是应和市场竞争的需要。首先，相比之前民窑瓷器所装饰的植物纹饰，代表身份等级的动物纹可能更受到市场的

---

① （明）《明英宗实录》卷四十九。
② （明）《明英宗实录》卷一六一。

欢迎，这是因为其他的工艺美术品并不能以这类纹饰装饰。其次，相比植物纹饰的绘画，动物纹饰更加丰富了图案的装饰效果，其生产工匠也投入了更多的劳动时间。明初，政府对民间手工业者的管理继承了元朝匠籍制，规定隶属于景德镇民窑瓷器生产的工匠不得脱离匠籍的身份。所以，此时民窑瓷器的生产模仿官窑的动物纹饰，也是其提高生产竞争力的手段。从正统时期开始，在明代民窑瓷器的生产中开始大量出现代表官阶、爵位身份的纹饰，可见，此类产品应在当时的民间生活中具有一定的需求。

结语

通过梳理明代早中期民窑所装饰的动物纹饰，从中发现了在正统时期民窑已使用之前政府所规定的禁用纹饰，至景泰时期，这种禁用纹饰在瓷器装饰上的使用范围有所扩大。究其原因，主要是因政府对民窑瓷器装饰该类纹饰未有规定，与对服饰纹饰、墓道神兽的管理相区别；其次，民窑生产相对具有自由性；再次，是民窑提高其市场竞争力的需要。

明洪武官营瓷业生产未实行移烧的原因探析

摘要： 通过辨析明初御窑移烧的制度史料，并结合当时匠籍制及琉璃窑创烧中瓷土运输的实例，归纳了设置该制度的前提。同时也分析了该制度实施的不利因素，并认为窑业生产对瓷土等原料的原产地依附极强。

关键词： 御窑、移烧、饶州、气候

自北宋晚期宫廷设置官窑起，其后元、明两朝亦相继承袭了专门设立生产宫廷用瓷窑场的制度，而宋、元时期的御用窑址均建立在生产原料地基础之上，但至明洪武时期，宫廷曾颁布了将饶州、处州等地的瓷匠、制瓷原料等生产资料迁移至京师并设窑生产的诏令，此举无疑与之前依托于当地生产原料而设窑的情况有所区别。《大明会典》卷一九四记载："洪武二十六年定，凡烧造供用器皿等物，须要定夺样制，计算人工

物料。如果数多，起取人匠赴京，置窑兴工；或数少，行移饶、处等府烧造。"^① 上述文献表明，当明宫廷对瓷器的需求量较大时，便可调遣饶州、处州等地的工匠至京师，并设置相应的窑场从事宫廷所需瓷器的生产。但在《明史》《明实录》等文献中不见有关于调遣工匠来京师烧窑的详细记录；且南京地区历年考古调查中也未发现有烧制宫廷用瓷的相应窑址，所以在历史文献与考古资料中均未发现与明初京师设窑烧瓷有关的迹象，这或许表明该制度虽已制定但却未加实施。但明洪武时期却不同于前朝，此制度的设立改变了宋、元时期在原料产地设场制瓷的传统模式，在缺乏瓷土等制瓷原料的京师重新设窑，但实施的前提是有保证该生产顺利完成的基础条件。

官营瓷业生产移烧的原因与实施条件

洪武时期官营瓷业生产移烧的原因，首先应符合宫廷用瓷的需求与节约生产成本的目的。"凡烧造供用器皿等物，须要定夺样制，计算人工物料。"这表明了明宫廷所需瓷器在生产前已经过了成本的核算，而各瓷器品种所需数量也已有预算。洪武初期，在景德镇等制瓷业较为发达的地区已设有陶厂，专门生产皇室用瓷。乾隆七年《浮梁县志》："明洪武二年设厂制陶，以供尚方之用"。但因洪武二年所设立的生产机构为陶厂，且

---

① 赵用贤撰 《大明会典》 卷一九四，明万历内府刻本。

其生产能力相对低下，并不能与后期的御器厂相比；而在处州，也同样设立了为宫廷生产御用瓷器的机构，[①]可能也为了补充饶州等地瓷器生产的不足。明朝建国之初恢复了唐、宋时期皇家的祭祀制度，因而需要大量的祭祀礼器。《明实录·明太祖实录》卷四十四，洪武二年八月："今拟凡祭器皆用瓷。"这项制度表明明宫廷所使用的祭祀礼器均为瓷器，且此规定增加了宫廷的用瓷数量，所以洪武二年陶厂的设置，以及因瓷器需求量增大而移至京师设窑生产制度的制定或许都与祭祀用瓷的大量需求有关。又《大明会典》卷二百零一："洪武九年定，四郊各陵瓷器，圜丘青色，方丘黄色，日坛赤色，月坛白色。行江西饶州如式烧造解"；"洪武十七年，饶州府解到烧完，长陵等陵白瓷盘、爵共一千五百一十件。"这也都表明了明朝建国以来，力求恢复汉人的祭祀礼法，以表示与前朝蒙古的礼制有所不同，从而需要大量的祭祀瓷器，而在京师设立窑场也可能是恢复汉人礼法的措施之一。因在两宋时期，皇家官窑均设立在京师，而南宋宫廷的祭器也大多为瓷器，明初祭器用瓷也许是为了继承宋朝的礼法，以宣扬其汉人政权的正统性。"本朝以定州白磁器有芒，不堪用，遂命汝州造青窑器，故河北唐、邓、耀州悉有之，汝窑为魁。江南则处州龙泉县，窑质颇粗厚。政和间，京师自置窑烧造，名曰官窑。"[②]北宋政权曾于京师设置官窑，

---

① 沈岳明：《"制样须索"龙泉窑》《文物天地》2016 年第 7 期。
② （元）陶宗仪：《南村辍耕录》卷二九《窑器》，元明史料笔记丛刊本，北京：中华书局，1959 年。

南宋政权也曾在京师先后设立了修内司与郊坛下两处官窑窑场，而至洪武二十六年，明宫廷却欲将地方制瓷工匠迁移至京师，此举可能是仿效两宋御用瓷的生产制度，这并不同于元朝贵族多偏好金银器皿的使用，而将御用瓷器的生产地设立于远离京师的浮梁。"如果数多，起取人匠赴京，置窑兴工；或数少，行移饶、处等府烧造。"说明了明初皇家对于宫廷瓷器的生产需要计算成本，若烧制瓷器的数量较大，将需要饶州、处州等地的工匠进京，设窑制瓷；若数量较少，则反之在本地烧制。将工匠移至京师烧窑的原因除了仿效宋代官瓷的生产制度之外，也因明宫廷所需瓷器的数量巨大，因浮梁、处州距离京师（南京）相对较远，可能在运输过程中会出现瓷器破损的情况，但将工匠聚集在京师进行生产，既可降低生产成本，也可避免瓷器在运输过程中的破损率。此外，因各地瓷匠聚于京师，也便于宫廷直接摊派与计算皇家所需的瓷器器皿，从而也节省了往来传递信息的时间。

在御窑移烧制度实施的具体条件中，制瓷原料与工匠为御窑移烧过程中的核心因素。因京师本地的瓷土矿匮乏，故其生产所需的原料也应从饶州或处州等地调配，其瓷土性能便于工匠掌握。明初，宫廷对工匠的管理继承了元代的匠籍制，"诸匠户子女，使男习工事，女习黹绣，其辄敢拘刷者，禁之。"[①] 但

---

① （明）宋濂：《元史》卷一百三·志第五十一，清乾隆武英殿刻本，北京：中华书局，1976年。

在明初的匠籍制里也规定了所属匠人不得脱离本行业而从事其他生产，"凡户三等：曰民，曰军，曰匠，又云："凡军、匠、灶户，役皆永充"，其中"匠户二等：曰住坐，曰轮班"，皆世袭。明初，处州、饶州的制瓷工匠又可具体分为住坐和轮班两类。其中住坐工匠需长期在本地官营窑场从事瓷业生产，而轮班工匠可以每四年来京一次从事生产，而该类工匠的出现，可利于宫廷调动瓷匠来京服务，同时因不需再支付匠人额外的报酬，又减少了御用制瓷成本，所以明初工匠可脱离本地，去其他地区从事服役工作的管理制度也成为御窑移烧实行的前提之一。将官营窑场移至京师，既可发挥轮班工匠的技术优势，又可降低瓷器的生产成本，且调遣工匠主要以处州、饶州两地为主，并不过多涉及其他窑口的工匠。这也许与此两处窑口长期生产宫廷用瓷相关，而其他地区的窑场缺乏生产宫廷瓷器的资料与经验，所以调遣入京的匠人应是以技艺娴熟的住坐匠为主，轮班匠为辅，以保证御用瓷的生产质量。

生产资料中除工匠之外，将外地的瓷土矿、釉药等生产原料迁移且运用于京师的建筑陶瓷生产，在明初皇宫的营建中已有所应用。《大明会典》卷一九〇载："凡在京营造，合用砖瓦，每岁于聚宝山置窑烧造。……如烧造琉璃砖瓦，所用白土，例于太平府采取。"因洪武时期，京师所用陶瓷建筑材料的数量巨大，且京师本地未有瓷土矿等原料的缘故，故而将太平府的瓷土矿运至京师，并在此地设窑制瓷。建筑类的陶瓷为琉璃砖、瓦一类的产品（图1），其生产的工艺流程较为简单，又太平府距京师的距离也相对较近，有利于瓷土矿的大批量运输。所以，明初匠籍制度中轮班与住坐工匠服役制的实行，以及京师琉璃

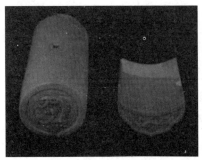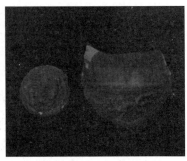

图1 聚宝山遗址出土黄釉、绿釉瓦当

建筑陶瓷的烧制成功，此两项都成为明宫廷制定官营瓷器移烧制度的前提条件。但此制度未得以实行的原因，尚需在其用工成本、生产转移后能否保证瓷器烧成等技术可行性上进行分析。

未实行生产移烧制度的原因

明宫廷将饶州、处州等地工匠迁移至京师制瓷制度的设置，其主要原因之一是为了减少生产成本。而从这一角度来看，迁移的制瓷工匠应以饶州、处州的长期服役的住坐匠为主，轮班匠为辅，其中也有其他窑口的工匠迁入。但匠人迁移的数量较多，宫廷又需为其准备在京师生产、生活所需的资料。仅就生产资料而言，瓷土矿、窑炉是制瓷生产中必不可少的原料与设

备，因此需要在京师建立大量的馒头窑，但窑炉的修建需要花费大量的劳动成本，"如果数多，起取人匠赴京"，表明京师窑场设备仅在工程量大时使用，但并不常用，而且京师也缺乏距离水源、燃料距离较近并适合建立馒头窑的地点。其次，瓷土矿的运送也需从原生地运至京师。"此镇（景德镇）从古及今为烧器地，然不产白土。土出婺源、祁门两山。一名高梁山，出粳米土，其性坚硬；一名开化山，出糯米土，其性粢软。两土相合，瓷器方成。"[①] 这表明明代景德镇所使用的瓷土矿均出自其周边地区，而大量瓷土矿的长距离运输无疑增加了生产成本。再次，将轮班工匠调至京师服役，耽误了其原窑场的生产，并使其个人作坊的生产时间有所不足。因其身份为民匠，使其参与宫廷用瓷的生产，更会导致官营制瓷技术的外流。因制瓷所需的劳动力数量巨大，其中，例如磁石的粉碎、练泥等核心技术之外的工作仍需大量劳动力的参与，因此除核心工艺所需工匠外，尚需京师本地工匠参与辅助生产的工作。但京师劳工的参与不仅使得劳动总量有所增加，而且因劳工缺乏对瓷土矿等原料性能的判断经验，从而导致了生产过程中易发生工艺缺陷的弊病。洪武时期，琉璃窑的烧制成功因其产品的生产工艺较为简单，仅需制模、印范、刷釉等几道工序，便于京师工匠的模仿。但饶州、处州的制瓷工艺较为复杂，京师工匠在短期内不易掌握，也浪费了生产资本。洪武御用瓷器需要处州、饶

---

① （明）宋应星. 天工开物. 广陵书社, 2002 年。

州所生产的各类品种，但各种瓷器的生产工艺有区别，其中釉上彩瓷器需要二次入窑烧制（图2），因两次入窑烧制所需窑温不同，需要建立两座高低温窑炉。大量制瓷设备的建立也是增加生产成本的因素之一。与之前御用瓷器在原产地生产相比，其瓷器成品仅需通过陆路运送至京师即可，其成本的浪费仅在于运输中瓷器的破损量，但实行御窑移烧不仅浪费了运输成本，又增加了生产设备的重复建设。

图2 洪武时期釉上红彩龙纹盘（残）（南京明故宫遗址出土）

除去因原料运输以及劳工操作不当造成的成本浪费之外，达不到生产要求的落选瓷器也是另一浪费因素。明初宫廷对御用瓷器的生产质量要求极为严格，景德镇御窑厂遗址出土的洪武时期的落选瓷器，均有呈色灰暗、棕眼等生产工艺缺陷。而至京师进行御窑瓷器的生产，因各地工匠的来源多样，其生产水平不一，则会增加生产工艺中操作不当的概率，从而导致瓷器生产废品率的提高。

移烧制瓷会导致生产工艺缺陷

首先，迁移工匠中应包含饶州、处州的住坐匠与轮班匠以及其他窑口的工匠，其中因轮班匠为当地民匠，故应配合住坐匠完成生产，但其平时仅可生产民用瓷器，技术水平相比住坐匠要低，则会造成御用瓷器生产中的效率低下。因洪武时期宫廷所需瓷器以饶州、处州窑为主，其他窑口工匠的介入，不但花费了过多的劳动成本，而且因京师制瓷原料的匮乏也使得这部分工匠难以发挥自身技术。其次，生产原料的迁移则导致制瓷原料脱离了原生环境，其中瓷土脱离其原生地而迁移至其他地域，会对进一步加工造成干扰。明初，瓷土的加工为瓷土矿与磁石按一定比例进行配比的二元配方，且磁石矿的粉碎需要水碓等设备，但京师缺乏建立该设备的水利条件，而开采的瓷土矿在粉碎后需进行陈腐，其陈腐的时间与当地气候密切相关，当地温度、空气含水量都会直接影响到陈腐的效果。陈腐之后的瓷泥倘若随工匠转移至其他地域，则新环境的气候条件会对已陈腐的瓷土造成胎体收缩的影响，为工匠难以把握的生产环节。而饶州、处州的瓷釉配比的工艺中需要增加本地所产的草木灰等原料，其中处州青瓷中草木灰含量的高低则会直接影响青釉呈色（图3），京师也可能缺乏处州本地可配釉药的植物，从而造成配釉工艺的缺环。其次，晾坯是制瓷中另一重要工艺环节。"凡手指旋成坯后，覆转用盔帽一印，微晒留滋润，又一印，晒成极白干。"饶州、处州的工匠原本熟悉其本地瓷坯晾晒所需的温度与湿度，但至京师后因外部环境有所变化，瓷坯的晾晒程度变得不易掌握。而瓷坯晾晒不干，内含水分，则会导致瓷器在烧制过程中易产生

图 3 龙泉窑遗址出土洪武时期青釉刻花碗

图 4 故宫博物院藏洪武时期釉里红碗

开裂等生产工艺的缺陷，导致瓷器的成品率降低。再次，瓷器在窑内的烧制温度也会受到窑外温度的影响，例如釉里红产品（图4）的呈色受到窑内温度的干扰较大，此外由于烧窑瓷匠并

不熟悉京师四季的气候特征，会因缺乏对烧窑的温度控制经验造成瓷器生产的技术失误。所以，仅从瓷土矿炼制、晾坯、烧窑工艺等生产环节中就可看出，瓷窑的设立依附于瓷土矿产地及窑场所需的生产环境，而当地气候对瓷器的烧成率有直接影响。

结语

综上，可以看出洪武时期宫廷在设置此条制度之前，对该制度的可行性并未加以检验，其目的主要为了减少宫廷用瓷的开支，却又因工匠的花费巨大，以及外部制瓷环境的限制，使得宫廷放弃了移烧制瓷的计划。这也反映出制瓷业对瓷土等资源的原生地依附性较强，其生产地不易改变。

三/ 山东淄博窑古代瓷器研究

山东隋唐窑业生产技术来源与生产中心迁移探析

摘要： 以山东窑址出土的瓷片成分分析为基础，对比同时期南北方各窑址的标本检测成分，并结合器形比较，可以得到本地窑的制瓷技术应来自河南安阳地区，但釉药的配方工艺较安阳窑相对落后。

关键词： 瓷片、寨里窑、成分分析

引文

隋代，山东地区淄川寨里窑生产青釉瓷的釉色多呈半透明状，多延续北朝瓷业生产的传统器形，与南方地区的瓷器产品相区别。其中，寨里窑生产的青釉四系罐与周边窑址中安阳窑所生产的四系罐的器形相近。安阳窑址青釉四系罐的器形为直口、

溜肩,其肩部装饰有四系,瓷器器表施釉至腹部以下(图1),
这与寨里窑址青釉瓷罐的器形与施釉工艺相同(图2)但在胎、
釉成分上,两者也有所区别,而中陈郝窑生产的多足砚也与相
州窑产品相近;安阳窑址发现的碗类瓷器的器形呈直口、弧腹、
平底实足,其底足削棱一周,这也与枣庄中陈郝窑址、淄川寨
里窑址发现的青釉瓷碗的器形特征以及底足的处理工艺相同。
从安阳窑址出土的隋代瓷器残片中可以看出,其使用了模印贴
塑、刻花等装饰工艺(图3),这与宋家村窑址、寨里窑址出土
的青釉瓷的装饰工艺特征具有一致性,这些都表明了自北朝以
来山东地区窑业生产工艺可能受到相州地区窑口的影响,至隋
代,依然对本地区的瓷业生产起到技术传播的作用。

图 1 安阳窑出土四系罐 Figure 1. Four-series cans unearthed from Anyang Kiln

图 2 寨里窑址出土四系罐 Figure 2. Four series of tanks unearthed from the Zhaili kiln site(图片1采自《河南安阳隋代瓷窑址的试掘》2采自《山东淄博寨里北朝青瓷窑址调查纪要》)(比例均为1/8)

图 3 安阳窑址出土青瓷标本 Figure 3 Celadon specimens unearthed from the Anyang kiln site

山东窑址出土瓷片成分分析

青瓷是以铁为主要着色元素，以 CaO 为主要助溶剂。根据 Fe 含量的多寡以及烧制过程中的火焰气氛，瓷釉的发色会有很大的不同。根据 X 射线荧光光谱检测数据分析来看，安阳窑和寨里窑产品的主微量元素差异性十分明显（表1）。主要就体现在寨里窑瓷釉中铁含量明显更高，这就导致了其釉色明显更深。而与此同时，寨里窑产品 TiO_2 的含量则显得十分不稳定，日本陶瓷专家 Ishii Tsuneshi 研究[①] 表明：瓷釉中的 TiO_2，本身并不影响釉色，但钛能影响熔解于釉中的铁离子，可以使 Fe^{2+} 转变成 Fe^{3+}，因此其含量变化也会间接影响到高温铁釉的发色。颜色较深的釉中，不仅 Fe_2O_3 含量高，TiO_2 的含量也较高。用 TiO_2 制得的瓷釉透明度强，具有质量小、抗冲击力强、机械性能好、色彩鲜艳、不易污染等特点。因此，原料中高含量的 TiO_2 促进了 Fe^{2+} 转变成 Fe^{3+}，即将多余的 Fe_3O_4 又转化为 Fe_2O_3。寨里窑各件标本 TiO_2 高低差异明显，也说明其烧制工艺尚不大成熟，与安阳相州窑相去甚远，与越窑产品更是不可相提并论。

---

① Ishii Tsuneshi: 〈Experiments on the tenriuji yellow celadon glaze〉,〈Transactions of British ceramic society〉, Wedgwood bi-cen-tenary Memorial number, 1930 年第 360-387 页。

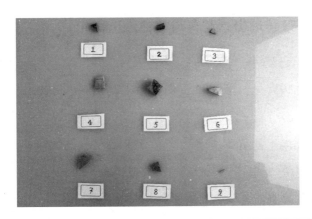

	元素（PPM）	Ca	Fe	K	Ti	Mn	Ba	Pb	Zr（锆）	Sr（锶）
样品一		103068	41720	24462	4750	1559	560	371	367	337
样品二（正）		58552	30125	17449	6783	512	289	21	449	111
样品二（反）		59786	30550	17143	6433	630	326	18	455	119
样品三（正）		83095	31326	26487	3486	760	464	43	335	201
样品三（反）		52327	20922	18660	2229	539	233	16	183	126
样品四（正）		112246	16794	24988	4653	329	546	26	444	186
样品四（反）		80529	12547	20837	3451	281	386	16	309	114
样品五（正）		82457	16144	21225	5918	262	467	17	438	169
样品五（反）		34519	6867	11176	3100	112	201	7	179	65
样品六（正）		124582	16730	22713	4341	331	542	27	433	189
样品六（反）		100586	13184	19687	3447	266	483	19	333	139
样品七（正）		111914	18208	21532	5603	367	498	19	451	248
样品七（反）		105824	15234	20339	4635	386	355	15	375	218
样品八（正）		67093	11396	12355	3032	2089	653	28	305	258
样品八（反）		85525	13201	13087	3570	2636	912	36	376	384
秘色瓷（正）		109698	19587	12529	5315	2491	774	39	443	398
秘色瓷（反）		108998	14374	9886	4015	1915	727	28	353	426

备注：实验条件：oxford met-8000；50kv 120s

表 1 元素组成统计表

Table 1 Element composition statistics table

样品一至三为寨里窑址采集的隋代青瓷标本，样品四至七为安阳相州窑址采集的隋代青瓷标本，样品八为五代越窑标本。

山东窑址出土窑具与其他地区比较

宋家村窑址所采集的三叉形支钉，其生产工艺是在三角底处捏出钉状支足，平面呈三叉形（表2，5），与安阳窑址、中陈郝窑址出土三叉形支钉（表2，2、4）的制作工艺相同。而中陈郝窑址出土的五齿支具（表2，3）的形制与安阳窑址（表2，1）发现的类型较为一致，这些窑具的器形与制作工艺的相似性，也表明本地瓷业生产与相州地区有所交流。

隋代，除了安阳窑对本地瓷业生产具有影响外，河北内丘窑生产的盘口瓶、四系罐等瓷器器类对山东地区窑址的同类器物也有所影响（表3）。内丘窑发现的盘口瓶呈盘口、束颈、鼓腹（表3，12），器形特征与中陈郝窑址第三期盘口瓶相近；而四系罐呈直口、溜肩、鼓腹的特征（表3，8），也与寨里窑四系罐的器形相近。与隋代相州地区窑口的产品相比，山东地区窑口生产的瓷器产品釉色与器形相对较少。相州地区窑口的瓷器釉色丰富，应采用了青釉、黑釉、白釉等多类釉色工艺。[①]

磁村窑址第一期产生了新的器形产品执壶，器形呈唇口、鼓腹、平底实足，这与河北内丘窑址唐中期生产执壶的器形特征

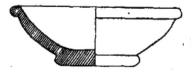

图6 中淳于窑址采集白釉碗 Figure 6 Zhongchun Yu kiln collecting white glazed bowl（图片采自《山东泰安县中淳于古代瓷窑遗址调查》）（比例为1/3）

① 郑州市文物考古研究所、巩义市文物保护管理所：《河南巩义市白河瓷窑遗址调查》，《华夏考古》2001年第4期。

相似（表4，6）。泰安中淳于窑址采集的白釉碗（图6）也与内丘窑白釉碗器形相近（表4，9）。河北内丘窑址所发现的瓷器器类较为丰富，其器类多于山东地区窑址。唐代，内丘窑址是邢窑的中心窑口，其生产产品是以白釉瓷为主。[①] 唐晚期，淄川磁村窑址发现的白釉瓷与内丘窑址的工艺特征相近，均使用了白釉绿彩的装饰工艺，也佐证了唐代本地区窑口的瓷器生产工艺可能受到了河北内丘窑的影响。

---

① 内丘县文物保管所《河北省内丘县邢窑调查简报》《文物》1987年第9期。

年代	安阳窑址	中陈郝窑址	宋家村窑址
隋代	 1 2	 3 4	 5
备注	图片采自《河南安阳隋代瓷窑址的试掘》（比例为1/2）	图片采自《山东枣庄中陈郝窑址》（比例为1/2）	图片采自《曲阜宋家村古代瓷器窑址的初步调查》（比例为1/8）

表 2 安阳窑址、中陈郝窑址、宋家村窑址出土的隋代窑具

Table2 Sui Dynasty kiln furniture unearthed from the site of Anyang kiln, Zhongchen Hao kiln and Songjiacun

窑址	罐	瓶	高足盘	碗	残片	盘口瓶	壶	砚	釉色	备注
安阳窑址	1	2	3	4				7	青釉	图片采自:《河南安阳隋代瓷窑址的试掘》
内丘邢窑址	8		9	10 11		12	13		粗白瓷数量增多，也有青釉瓷的生产	图片采自:《河北省内丘县邢窑调查简报》

表 3 安阳窑址、内丘窑址出土隋代瓷器器类

Table3 Sui Dynasty porcelains unearthed from the site of Anyang kiln and Neiqiu

窑址	时期	碗	杯	盘	罐	执壶	砚	盆	备注
内丘邢窑	初唐	1 2	3	4	5	6	7		图片采自:《河北省内丘县邢窑调查简报》
	唐中期	8 9	10 11		12			13	
	唐晚期至五代	14 15				16			

表 4 内丘窑址出土唐代瓷器器类

Table4 Tang Dynasty porcelains unearthed from the site of Neiqiu Kiln

白河窑在北魏晚期已生产黑釉瓷器[①]，河北内丘窑则在北朝晚期产生了白釉瓷器的生产工艺。[②]而至唐代中晚期，本地区窑口才出现了生产白釉、黑釉的生产工艺技术，其釉色工艺产生的上限均晚于相州地区窑址，并且可能由于相州地区瓷业生产技术向本地的传播，才使得本地的瓷业窑口产生出白釉、黑釉的生产工艺。但在唐代中晚期，与相州窑址的瓷器器形向本地的传播速度相比，其釉色工艺传播的速度相对较慢，这是由于新生釉色需要以釉药配方的改进为工艺基础，而非通过简单的工艺模仿完成。所以，推测釉色工艺应为外地工匠的迁入所传播。

隋唐时期，山东地区的窑口生产瓷器的器形及工艺技术与相州地区窑口有所交流。唐晚期，磁村窑以白釉瓷的生产工艺为主要特色，而山东其他窑口并未有白釉瓷器的生产技术，这表明了内丘地区的窑业生产技术仅对磁村窑有所影响，而对其他窑口的工艺技术传播较少。其原因应在于两个方面：其一，上文统计过出土的本地窑生产的白釉瓷遗物，发现数量极少，表明了在唐代，白釉瓷在本地的使用并不普遍，未有大规模的流行，所以本地生产白釉瓷窑口的数量不多。其二，磁村窑位于山东中北部，其位置距离内丘窑址较近，也便于技术的传入。而其他窑口距离内丘窑相对较远，其工艺技术的传播相对不便。

① 孙新民等：《河南巩义市白河窑遗址发掘简报》《华夏考古》2011 年第 1 期。
② 内丘县文物保管所《河北省内丘县邢窑调查简报》《文物》1987 年第 9 期。

隋唐五代窑业生产中心的迁移及原因

窑业生产中心的形成

山东地区窑业生产中心的形成具有以下条件：其一，窑业生产中心与山东地区其他区域的窑址相比，其瓷业生产的工艺技术相对先进，并且对外传播工艺技术，进而，可能影响到周边窑址的瓷业生产；其二，窑业中心产品品种、器形都比其他窑址更为丰富；其三，窑址分布较为密集，呈聚集分布的状态，也为形成窑业生产中心的条件之一。

北朝晚期，山东地区的窑址中，淄川寨里窑生产的器类相比其他窑口更为丰富。寨里窑产品的生产上限为北魏晚期。北齐时期，其生产的青瓷莲花尊的器形与装饰工艺应受到河北邢窑的影响，相比山东地区其他窑址而言，其生产工艺较为先进。北朝晚期，寨里窑成为山东地区的窑业生产中心，其工艺技术对山东地区其他窑址亦产生影响。[①] 河北邢窑、河南安阳窑址的窑炉技术、产品装饰工艺与南朝窑业生产技术存在差别。淄川寨里窑址与河北邢窑、安阳相州窑址的距离相对较近，同属于北朝的区域范围，而相邻窑址间工艺技术的传播也便利。河南安阳窑址与河北邢窑窑址发现的青釉瓷与寨里窑址青釉瓷的工艺特征相近，并以青瓷盘、青瓷碗为主要产品。

东魏至北齐时期，由于河北、河南地区窑口及淄川寨里窑青

---

① 上文中已分析了寨里窑瓷业生产工艺技术可能传播到本地其他窑址。

釉瓷生产技术的传播，导致山东中南部地区相继产生了中淳于、中陈郝等四处窑口。淄川寨里窑是山东地区窑口中工艺技术对外传播的中心，与本地其他窑址的距离较近，其生产工艺的传播也成为其他窑口瓷业产生的基础。北齐时期，山东中南部地区窑口生产瓷器的器类、器形与淄川寨里窑址的相近，但器类数量却少于寨里窑址，这表明周边窑址与中心窑址工艺技术的发源地有所距离，周边窑址接受其生产工艺技术的速度也相对较慢。北朝晚期，山东中南部窑址仅受到寨里窑址部分工艺技术以及产品器形的影响。淄川寨里窑址发现的器形有碗、盘、高足盘、四系罐、莲花尊等，而其他窑址仅发现碗、盘、罐。相较而言，寨里窑生产的青釉瓷器形较为多样。北齐时期，寨里窑与中淳于窑、朱陈窑、中陈郝窑生产的瓷器在器形与装饰工艺上较为一致，其产品的釉色种类均为青釉、青黄釉。可以说，寨里窑址工艺技术的对外传播对周边地区窑业的生产起着重要作用。

北朝晚期，寨里窑窑业生产与周边窑址相互影响，并在产品类型、装饰工艺上具有相似的工艺特征。山东地区的窑口属于民窑生产体系，并以分工合作的形式完成窑业生产。所以，寨里窑生产的工艺技术在对外传播过程中，多依靠部分工匠的迁徙完成，导致了并非完整的工艺技术流程传入其他窑址。而周边窑口在生产规模、制瓷原料、工艺技术等方面，也与中心窑口有所不同，这应与窑口所分布区域的制瓷原料及原有的工艺技术基础有关。

山东地区窑业生产中心的迁移

随着时代的变迁，山东地区的窑业中心也有所迁移。隋代，山东地区窑址的工艺技术与相州窑址有着密切的交流，窑址通常聚集分布于同一水系，这改变了北朝晚期的窑址分散分布的格局。隋代本地的生产技术既有对北朝晚期窑业工艺技术的承袭，又有外地窑业生产工艺的传入。在此时期，窑业生产聚集于泗河流域的局面形成，并构成了曲阜宋家村窑址、何家店窑址、大庙窑址、尚家园窑址、河套窑址、宋家洼窑址、泗水大泉窑址、东马陶瓷窑址、柘沟窑址，新泰窑沟窑址、碗窑头窑址等十余处窑址形成的生产聚集区。这种聚集分布的情况也是瓷器产品大量对外销售的结果。隋代之后，随着陆路与水路交通的便利，山东地区窑口瓷器的对外贸易与流通范围相比北朝晚期进一步扩大。

隋代瓷业生产在北朝晚期的基础上，其生产规模与分布范围都有所扩大，并形成了三大窑址聚集区：以宁阳西太平窑址为中心的大汶河流域窑业生产聚集区，以曲阜宋家村窑址为中心的泗河流域窑业生产聚集区，以枣庄中陈郝窑址为中心的蟠龙河流域窑业生产聚集区。其中，泗河流域窑业生产聚集区的窑址分布数量最多，生产的瓷器器形也最为丰富。

隋代，山东地区的窑业生产中心由淄川寨里窑向泗河流域聚集区转移。其具体表现为：泗河流域窑址发现的青釉瓷器形比淄川寨里窑址的丰富。其中宋家村窑址发现有青瓷砚、青瓷刻花龙纹盘等器形，但在寨里窑址均未有发现。寨里窑生产的青釉瓷多为单色釉装饰，其他装饰的工艺技术使用较少；宋家村窑址、中陈郝窑址隋代地层发现有匣钵残片标本，这表明宋家村窑址的装烧窑具比山东地区其他窑址先进。山东地区窑业生产中匣钵窑具的使用，改变了原有的明火裸烧技术。匣钵残片于枣庄中陈郝窑址①、曲阜宋家寨窑址②都有发现，这说明相邻窑址间有装烧工艺技术传播的现象。隋代，匣钵装烧技术未传至寨里窑址，可见相州地区或南方窑口的工艺技术首先传入山东南部的宋家寨窑址与中陈郝窑址，再传至山东中部的窑址。泗河流域形成了多处窑址的聚集，而淄河流域仅有淄川寨里窑一处，未出现窑业生产的聚集。

隋代，寨里窑的窑业生产有所衰落，工艺技术受到山东中南部窑址的影响。山东地区隋代窑业生产中心发生改变，由北朝晚期淄川寨里窑址向泗河流域窑业生产聚集区转移。枣庄中陈郝窑址的窑业生产技术首先受到相州窑址制瓷技术的影响，导致山东窑址原有的产品器类与工艺技术也发生改变。泗河流域范围内的窑址，集中分布在淄川寨里窑址与枣庄中陈郝窑址的

---

① 山东大学历史系考古专业、枣庄市博物馆：《山东枣庄中陈郝瓷窑址》《考古学报》1989 年第 3 期。
② 宋百川、刘凤君、杜金鹏：《曲阜宋家村古代瓷器窑址的初步调查》《景德镇陶瓷》（中国古陶瓷研究专辑）第二辑，1984 年。

中间区域，其窑址分布集中，产品器类、器形与工艺技术相对其他窑址也更丰富，产品也多向外输出，使之成为山东地区的窑业生产中心。

北朝晚期为山东地区的窑业生产的肇始时期，窑址的分布主要受到原料资源与产品销售区域等因素的限制。淄川寨里窑址与山东中南部窑址的生产分布范围较小，这说明北朝晚期窑口的生产规模与分布范围有限，尚未形成窑址生产聚集区。青釉瓷产品的销售与流布集中在产地的周边。隋代，在原有窑生产的基础上具备了产生新窑口的条件。

唐代，山东地区新产生的窑址仅发现磁村窑一处，淄川磁村窑与寨里窑分布于同一区域。唐中期，淄川磁村窑生产工艺中的装烧技术继承了淄川寨里窑的传统，以三叉形支钉为主要间隔窑具，采用了叠烧工艺技术，并使用了大量的匣钵窑具装烧瓷器[①]。唐晚期，淄川寨里窑的窑业生产衰落，并逐渐被淄川磁村窑址所代替。磁村窑产生了白釉、茶叶末釉等工艺，生产的工艺技术与产品器形相比其他窑址更为丰富。北宋时期，枣庄中陈郝窑、宁阳西太平窑才开始生产白釉绿彩瓷器，其装饰特征与磁村窑相近；磁村窑分布于邢窑与山东南部窑址之间，为邢窑向本地窑业技术传播的中间区域。

窑业生产中心的迁移原因

隋代至唐晚期，山东地区窑业生产中心的迁移与窑址周边的

---

① 山东淄博陶瓷史编写组：《山东淄博市淄川区磁村古窑址试掘简报》《文物》1978年第6期。

自然条件变化、瓷器的销售情况及工艺技术对外交流等因素有关。

隋代，山东地区窑业生产的中心逐渐向泗河流域转移的原因有三：第一，京杭大运河流经这一地区，并与泰沂山脉以南的泗河、蟠龙河等水系相通，大大方便了该地区瓷器产品的对外输出。京杭大运河自隋朝开通后，纵贯了整个鲁西大平原，并与泗河水系相通。泗水、曲阜地区窑址均分布在泗河流域，该地为隋唐时期生产窑口的聚集区，其产品经过泗河水系，继而又通过京杭大运河向外输出，有利于瓷器产品的大量销售；而泗河区域的瓷器消费群体有限，推断其窑场生产的大量青瓷产品也应通过水路对外运输，而淄川寨里窑址所处的淄河则与其他水系不相通，这不利于淄川寨里窑产品的对外输出，也限制了其窑业生产的发展。泗河流域窑口生产瓷器的对外贸易使得该地区的瓷窑数量增加，生产也有所扩张。泗河流域的瓷窑分布于泰沂山脉，其周边有着充足的木柴燃料资源和水资源，这为瓷窑生产提供了自然资源的支持。隋代，随着本地区人口数量的增长，本地对瓷器的需求数量也有所上升，这也使得窑业的生产规模扩大。第二，淄川寨里窑的窑业生产的衰落与对外贸易的局限，使得山东地区窑业生产中心发生改变。寨里窑址位于泰沂山脉以北的地区，由于泰沂山脉的阻隔，外域窑址的制瓷技术首先传至山东地区南部窑址，进而再向寨里窑址传播。隋代，寨里窑的窑业生产技术继承了北朝晚期的工艺技术传统，而其对外域窑业生产技术的接受速度相对较慢，产品类型仅以青釉、黑釉为主。淄川寨里窑与山东其他窑址相比，其生产规模与工艺技术都较落后。所以泗河流域瓷业生产兴起，代替了寨里窑作为中心窑口的地位。第三，泗水流域分布的窑口生产瓷器的器形丰富，采用刻花、模印贴塑的工艺技术，而装饰纹饰有连珠纹、龙纹等纹饰，这说明了泗河流域窑址借鉴其他窑址的装饰工艺因素较多，进而促进了其窑业生产的工艺技术改变。

唐晚期，磁村窑瓷器工艺类型比本地区的其他窑址更丰富（表2.6），并产生了黑釉、白釉、茶叶末釉、油滴釉等釉色工艺。由于河北地区邢窑生产白釉瓷工艺的产生，其白釉瓷工艺技术可能开始传入磁村窑。由于白釉瓷工艺的传入，改变了山东地区以青釉瓷产品为主的生产情况。而白釉瓷生产工艺技术向枣庄中陈郝窑、宁阳西太平窑等其他窑口的传播速度较慢，这使得磁村窑在唐晚期成为山东地区窑业生产的主要窑口。

窑址	生产时期	产品器类	釉色类型
磁村窑址	唐晚期	碗、盆、盘、灯、执壶、盘口瓶	青釉、白釉、黑釉、茶叶末釉、雨点釉
中陈郝窑址	唐晚期	碗、罐、盘、瓶、执壶、水盂	青釉
西太平窑址	唐晚期	碗、罐、盆	青釉

表 5 山东地区唐晚期主要瓷器种类

磁村窑址东有三台山，北有冲山，西为胡山，附近蕴藏着丰富的瓷土、耐火料和煤等矿物资源。[①] 村东和村西各有一条范阳河支流流过，这为磁村窑窑业生产提供了原料与水源。

唐晚期，淄川磁村窑代替了泗河流域的瓷业生产聚集区，成为本地区的窑业生产中心。磁村窑主要受到河北邢窑等北方地区窑口生产工艺技术的影响，在产品类型与工艺技术上都发生了改变。白釉瓷生产的工艺技术是在青釉瓷工艺基础上，减少青釉瓷胎、釉中铁元素的含量；而窑炉结构的变化又改变了窑内的烧成气氛，形成以氧化气氛为主。本地区窑业生产的中心由泗河流域的窑址向磁村窑转移，其原因主要在于磁村窑接受外来工艺技术的影响，促进其瓷器生产工艺发生转变。唐代早、中期，泗河流域窑业生产以青釉瓷为主。泗河流域的窑址与北方地区其他窑址相比，其产品不具备对外销售的优势，所以窑业的生产规模呈收缩状态；而磁村窑瓷业生产的工艺类型丰富，并影响周边窑口的瓷业生产，成为本地的生产中心。

结语

通过比较不同区域窑址发现的器物与窑具，表明了隋唐时期以相州地区安阳窑、内丘窑为主的生产窑口，对山东地区窑口的瓷器生产具有工艺技术的影响。而通过对山东本地窑址出土

---

① 山东淄博陶瓷史编写组：《山东淄博市淄川区磁村古窑址试掘简报》《文物》1978 年第 6 期。

瓷片的成分分析，发现其成分更接近于安阳窑址，但配釉工艺落后，这就表明了山东本地是被动地接受安阳窑的生产技术，在釉药成分的配比上也未有创新。

"淄博窑系"起源与形成原因考

摘要："淄博窑系"作为北方青瓷起源的重要窑系，其形成因素在不同时期有所变化。以淄博窑系出土器物与其他窑系产品相比较，对淄博窑系的外来技术与本土技术进行区分，归纳淄博窑系窑口分布与构成因素的形成与变迁。

关键词：窑系、技术、产品类型、北方青瓷

关于淄博窑以及淄博窑系的研究，古陶瓷研究领域主要侧重于产品类型分期与相关工艺的探讨。淄博窑是以淄博区域内分布窑口所构成的瓷业生产集合。淄博窑系是以淄博窑为中心窑口，与周边受其工艺影响的窑口，共同组成的生产体系。关于淄博窑的研究，以研究内容的不同，可分为考古发掘简报、窑厂生产工艺初步分析与淄博窑系产品类型的研究。其中，淄博窑系各个窑口考古简报是窑址的基本调查与研究资料。《山东

淄博寨里北朝青瓷窑址调查纪要》[①] 对淄博寨里窑址地层堆积与产品类型进行初步整理与研究，认为寨里窑最晚起源于东魏时期，是北方生产青瓷较早的窑址之一，但对窑口的技术来源与起源原因未加以深入分析。《山东淄博市淄川区磁村古窑址试掘简报》[②]，对山东磁村窑的生产年代与产品类型进行分期研究，对磁村窑出土遗物以及窑具分型分式。关于分布于淄博窑周围窑口已发表考古简报，《山东泰安县中淳于古代瓷窑遗址调查》[③]《曲阜宋家村古代瓷器窑址的初步调查》[④]《山东枣庄古窑址调查》[⑤]，对北朝时期分布于山东境内的三个窑口产品类型与窑具进行类型归纳，作为淄博窑与其他窑口技术对比的资料，对山东境内瓷业技术传播进行考证。淄博早期窑业技术的研究，以宋百川、刘凤君先生的《山东地区北朝晚期和隋唐时期瓷窑遗址的分布与分期》[⑥] 一文，分析淄博窑与山东其他窑口起源时代的早晚关系、产品类型、技术演变，并对山东境内淄博窑与其他窑口的关系初步讨论。淄博窑产品类型的研究，主要集中于产品类型、釉色、装烧工艺等内容。《淄博和庄北朝墓葬出土青釉莲花瓷尊》[⑦] 一文对淄博北齐墓葬出土的青瓷莲花

① 山东淄博陶瓷史编写组、山东省博物馆：《山东淄博寨里北朝青瓷窑址调查纪要》《中国古代窑址调查发掘报告集》，文物出版社，1983 年。
② 山东淄博陶瓷史编写组：《山东淄博市淄川区磁村古窑址试掘简报》，《文物》，1978 年 6 期。
③ 山东大学历史系考古专业：《山东泰安县中淳于古代瓷窑遗址调查》《考古》，1986 年 1 期。
④ 宋百川、刘凤君、杜金鹏：《曲阜宋家村古代瓷器窑址的初步调查》《景德镇陶瓷》(中国古陶瓷研究专辑)第二辑，1984 年。
⑤ 枣庄市文物管理站：《山东枣庄古窑址调查》，《中国古代窑址调查发掘报告集》文物出版社，1984 年。
⑥ 宋百川、刘凤君：《山东地区北朝晚期和隋唐时期瓷窑遗址的分布与分期》《考古》1986 年 12 期
⑦ 淄博市博物馆、淄川区文化局：《淄博和庄北朝墓葬出土青釉莲花瓷尊》《文物》1984 年 12 期

尊工艺、装饰等特征归纳，但对淄博境内出土的青瓷莲花尊与其他地域出土的莲花尊未进行比较研究，并未分析寨里窑生产青瓷莲花尊的技术来源。对于"淄博窑系"概念的探析，仅有高岩、宗英杰《关于淄博窑系的探讨》[①]一文。以窑系的概念对淄博窑系成立因素进行分析，但对于淄博窑系的区域分布范围、起源因素、中心窑口与周边窑口的关系问题并未有所探究。淄博窑系的形成与分布存在于一定的时空范围，淄博窑系是以中心窑口的产品类型以及窑业技术为主要因素。淄博窑系的起源、变迁与自身工艺体系演变相关。

《中国陶瓷史》："陶瓷史家通常用多种瓷窑体系的形成来概括宋代瓷业发展的面貌。瓷窑体系的区分，主要根据各窑产品工艺、釉色、造型和装饰的同异，根据它们之间的同异可以大致看出宋代形成的瓷窑体系有六：北方地区的定窑系、耀州窑系、钧窑系、磁州窑系，南方地区的龙泉青瓷系、景德镇的青白瓷系。"[②]《中国陶瓷史》界定窑系的概念：首先，窑系是存在于一定的时空范围，以产品工艺为主要依据，作为窑系划分的标准。其次，窑系组成的基本单位是窑口，主要因素是工艺、釉色、造型、装饰的相对同一性。淄博窑系是以淄博窑为中心形成的北方重要窑系，周边窑口在工艺与装饰上受到淄博窑的影响，形成生产相同类型产品的窑业聚集区域。淄博寨里

---

① 高岩、宗英杰：《关于淄博窑系的探讨》《陶瓷科学与艺术》2016 年 01 期。
② 中国硅酸盐学会主编：《中国陶瓷史》，文物出版社，1982 年，第 137-142 页

窑瓷业起源在北方时代最早，工艺技术具有外来因素与本土因素，形成窑业生产工具与产品类型的地域特征。淄博窑系是以淄博窑为中心窑口，及周边受其工艺影响的窑口所组成的窑系。这些窑口在产品类型、工艺技术上具有共同特征。

"淄博窑系"与北方青瓷起源

关于北方青瓷起源，依据北方早期窑址考古资料。最早进行瓷业生产的窑口是山东淄博寨里窑与河北贾壁窑，在这二处窑口都曾发现东魏时期的瓷业生产的地层遗迹。通过墓葬出土器物与窑址地层遗物相比较，寨里窑早期地层中，第一组遗物具有青黄釉（图1）与青釉两种类型产品。淄博淄川东魏元象三年崔混墓中发现的青瓷碗（图2）与寨里窑第一组产品类型相同，釉色呈青色玻璃釉[①]。青色玻璃釉是在青黄釉工艺技术上发展而成，釉药配方与烧制气氛比青黄釉产品先进。寨里窑址第一组

图1 淄博寨里窑第一组地层所出土青黄釉盘；图片来源：《山东淄博寨里北朝青瓷窑址调查纪要》

图2 东魏崔混墓葬出土青釉莲瓣碗；图片来源：《临淄北朝崔氏基地第二次清理简报》

---

① 淄博市博物馆、临淄区文管所：《临淄北朝崔氏基地第二次清理简报》《考古》1985年3期。

类型中，青黄釉产品时代早于崔混墓中出土青瓷类型。青黄釉类型的制作年代应当在东魏元象三年之前。寨里窑为北方最早起源的窑口，因为制瓷原料、技术需要较长时间的改进，所以寨里窑起源的时间应早于东魏元象三年，崔混墓中出土的青瓷产品生产年代下限为东魏元象三年，距北魏灭亡仅有四年时间，所以寨里窑起源时间应当不晚于北魏晚期。寨里窑本土不具备制瓷技术因素，所需工艺技术应由外地工匠所传入。北方窑口的瓷土成分、釉料成分与南方地区有所不同，寨里窑早期产品釉色呈青黄色釉，是由于还原气氛不足所致。产品使用对象上，寨里窑产品流布于产地周围区域，与北方饮食习俗相关。寨里窑器型高度，比较南方窑口同一器型有所提高。北朝广泛使用的家具高度增加，瓷器高度与北朝家具的使用有关。东魏时期，寨里窑南部区域形成中淳于窑、朱陈窑、中陈郝窑成的组新的生产体系。产品类型、工艺技术与寨里窑产品类型相同。说明东魏以来，寨里窑工艺技术向南传播，形成生产集聚的区域。寨里窑瓷业技术向南传播的原料因素，是由于山东南部分布有大量的制瓷原料。《续修博山县志》记载："邑窑业之始无考，相传自宋代即有用煤炭下层之土制粗罐碗盆，以供乡人需用者。"山东南部分布有大量煤炭资源，瓷土分布于煤炭之下，瓷土成分较为一致。寨里窑分布区域归属于北魏政权管辖之后，南朝瓷业产品与窑业技术难以向北方传播，所以山东区域窑口的技术来源，由寨里窑向南传播所引起。寨里窑与山东区域中心青州距离较近，产品便于消费。北朝山东境内窑址分布于市镇周边，生产区域临近消费地。寨里窑址地层中，发现北朝遗物分布集中，证明北朝山东瓷业生产规模较小。山东南部的中淳于窑、朱陈窑、中陈郝窑是以寨里窑的产品类型与工艺技术作为模仿对象。依据产品类型及釉色将山东北朝窑业产品分为三期，第一期（北魏晚期），寨里窑起源时期，产品类型以青釉盘、碗为主，釉色呈青黄色釉。第二期（东魏时期），窑业生产区域扩大，产品类型开始出现青釉四系罐、高足盘等新的类型。第三期（北齐时期），寨里窑产品出现青瓷莲花尊专用明器，除生产实用器皿，也进行随葬器物的生产。淄博北齐墓葬中出土青瓷莲花尊釉色呈青黄色（图3），与北朝寨里窑产品类型相一致。寨里窑所产青瓷莲花尊与其他区域所发现类型比较，器型、贴塑纹饰与河北景县封氏墓地所出土青瓷莲花尊相近（图4）。封氏墓地青瓷莲花尊为河北贾壁窑所生产。北齐时期，贾壁窑所处区域位于北齐统治中心邺城周边，产品供北齐贵族使用，促进了贾壁窑瓷业技术的改进。说明北

图三（北齐淄博寨里窑出土青瓷莲花尊，淄博中国陶瓷馆藏）

图四（北朝封氏墓地出土青瓷莲花尊，故宫博物院藏）

齐时期，寨里窑工艺也受到北方贾壁窑的影响。北朝时期，寨里窑与山东其他窑口相比，工艺技术处于较高水平。产品生产以三叉支钉叠烧（图5），提高产量。根据淄川崔氏家族墓地青瓷出土情况[①]，墓葬中均有寨里窑青瓷产品出土，说明北朝寨里窑青瓷产品在周边使用广泛。寨里窑为民间窑口，产品大量生产与分布流通，有利于周边窑口对寨里窑产品与工艺的模仿。

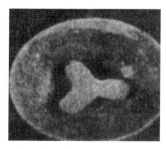

图5 寨里窑出土三叉支钉碗；图片来源：《山东淄博寨里北朝青瓷窑址调查纪要》

北朝寨里窑产品类型、釉色装饰与南方窑口有所区别，寨里窑工艺技术来源于南方窑口，由于本土制瓷原料与使用群体的不同，寨里窑产品在胎质上呈灰白胎，本土瓷土含铁量不高，淄博窑釉药成分与南方窑口也有所不同。寨里窑与山东南部窑口产品的器类、器型与南方窑口也有所区别。寨里窑生产的高足盘与南方同类器物相比足部较高，与北方生活习俗相适应。寨里窑莲瓣纹装饰是以单体莲瓣纹为主体，区别于南朝双体莲瓣纹的装饰纹样。寨里窑为北方地区起源最早的窑口，所处山东区域由于南北政权的阻隔，不利于南朝窑业技术的向北传播。所以，寨里窑工艺技术具有外来因素与本土地域因素。寨里窑业本土工艺因素，区别于北朝其他

---

① 淄博市博物馆、临淄区文管所：《临淄北朝崔氏墓地第二次清理简报》《考古》1958年3期。

窑口的工艺技术，是构成淄博窑系起源的因素之一。由此，淄博窑系的起源是在东魏时期，寨里窑为中心窑口，通过技术传播，在山东南部形成几类重要的窑口。寨里窑与中淳于窑、朱陈窑、中陈郝窑产品类型与装饰较为一致，北朝时期，分布于山东地区的瓷窑单位共同组成淄博窑系。

"淄博窑系"窑址分布与产品类型

淄博窑系的窑址分布，北朝时期，以淄博寨里窑为起源地，窑口向南分布依次为中淳于窑、朱陈窑与中陈郝窑。北朝时期为山东瓷业生产的起源期，由于瓷业技术与产品销售的限制，北朝山东瓷窑的分布依赖于制瓷资源与产品销售范围。寨里窑与山东中南部三个窑址，基本呈等距离分布（图6）。说明北朝窑口的生产规模较小，产品分布集中于产地周围。隋唐时期，北朝原有窑口附近新的瓷业因素产生。与寨里窑处于同一区域的淄博磁村窑，晚唐时期开始瓷业生产。早期产品装烧技术继承寨里窑的工艺特征，以三足支钉叠烧器物（图7）。磁村窑是

图 6 山东境内瓷窑遗址分布

唐代晚期在寨里窑衰落之后，代替寨里窑的瓷业生产作用。中淳于窑周边形成曲阜宋家村窑和徐家村窑，起源于隋代。宋家村窑发现匣钵残片[1]，说明淄博窑系不晚于隋代，开始使用匣钵进行瓷业生产。白瓷、茶叶末釉也开始出现，白瓷是受到河北

图 7 磁村窑出土唐代支烧青瓷碗残片；图片
来源：《山东淄博市淄川区磁村古窑址试掘
简报》

邢窑工艺的影响。隋代政权的统一，外域瓷业技术也便于传入山东地区。在山东南部中陈郝窑周边形成张岭、湖埠、凤凰岭、钓鱼台窑等窑址，隋唐时期淄博窑系生产有所扩大，以北朝时期原有窑口作为生产基础。淄博窑系生产范围扩大与隋唐时期山东地区人口增长以及政府对铜器使用的限制有关，瓷业生产还是以一个窑口为中心进行产业聚集。隋唐时期，淄博窑系瓷业技术主要来源于北方窑口，产品类型是以青瓷为主，也生产白釉、茶叶末釉、黑釉等产品。宋金时期，窑业生产范围有所

① 宋百川，刘凤君，杜金鹏《曲阜宋家村古代瓷器窑址的初步调查》《景德镇陶瓷》（中国古陶瓷研究专辑）第二辑，1984年.

扩大，布局上是以本土原有窑业为基础。宋金时期淄博地区，出现了郝家窑、巩家坞窑、博山大街窑、八陡窑、山头窑、西河坡地等多处窑业。窑业生产的扩大与宋金时期瓷业技术的改进有重要关系，宋金时期，淄博窑系开始以煤炭作为燃料，改变之前以木柴为燃料的瓷业烧造技术。山东境内瓷业产品类型主要模仿磁州窑系产品，产品类型多样。在装饰工艺中具有地域工艺特征。宋金时期的淄博窑系是以淄博磁村窑为中心，以一组器物类型为主进行工艺传播。宋金时期淄博窑系瓷业生产产品类型、装饰工艺上呈多样化。所以，不能以一类工艺标准概括宋金时期淄博窑系的产品类型。

淄博窑系内部窑口分布于淄博以及以南区域，北朝时期形成寨里窑、中淳于窑、中陈郝窑、朱陈窑的线状分布。隋唐时期，窑口周围又产生新的瓷业因素聚集。原因在于生产规模的扩大与窑业技术更新，新生瓷业因素代替之前的瓷业因素。淄博窑系窑口分布于山东中南部地区，所分布区域与其他窑系距离较远，产品流布范围集中于山东地区。由于生产资料的地域性，产品流布范围的限制，淄博窑系产品具有自身工艺体系与产品类型。淄博窑系与周边窑系产品相比，由于销售范围与工艺因素的限制，瓷业技术与产品类型变化速率较慢。淄博窑系的制瓷工艺，北齐之前主要是接受南方窑口的技术传播，北齐之后主要受到河北、河南相邻区域窑系技术的影响。河北、河南地区瓷土分布广泛，北朝至北宋时期位于统治中心，产品类型呈多类型。淄博窑系内部窑口分布集中，产品类型较为一致。所以，淄博窑系产品变化速率较慢，窑系内部难以产生新生工艺因素。与周边窑系相比，不具备产品竞争条件。淄博窑系技术传播可分为两段，第一段北朝至隋唐五代时期，产品以青瓷为主，技术来源于南朝，本土工艺技术也开始出现。第二段为宋金元时期，主要接受磁州窑的工艺影响，产品类型是以一组器物类型为主。淄博窑生产中大量工艺技术是模仿磁州窑系，具有本土工艺因素。以淄博窑金三彩类型（图8）为例，釉色是延续宋三彩的工艺技术，器型装饰大量借鉴女真族装饰因素，胎质也以白胎为主，磁州窑系并不生产。宋金时期淄博窑系与磁州窑系工艺技术有所区别，淄博窑系具有自身的工艺技术体系。

图8 淄博窑金三彩武士俑，淄博中国陶瓷馆藏

"淄博窑系"分期与形成原因

淄博窑系分期主要依据产品类型与工艺技术的流变，北魏晚期至北齐为第一期，是淄博窑系的起源与形成期。寨里窑工艺技术来源于南方窑口，山东地区瓷土成分、窑炉结构与南方窑口有所不同，形成寨里窑瓷业技术的本土因素。第一期产品类型以青釉碗、盘、四系

罐等实用器皿为主,北齐时期开始生产明器。由于淄博窑系处于起源阶段,工艺技术相对于南方窑口落后,产品类型单一。其次,南北生活习俗的差异,也是淄博窑系产品类型单一的原因。东魏时期,寨里窑工艺技术向南传播,形成以寨里窑为中心,纵向向南发展的窑业系统。由于淄博窑系早期生产技术不高,产品产量有限,仅分布于产地周围,所以淄博窑系内部窑口形成基本等距分布,窑口多位于北朝重要城镇的周边。淄博窑系的形成与南方瓷业技术北传、本土工艺技术因素、销售区域的限制有所关联,北朝淄博窑系在生产工艺、产品类型、销售区域方面都有本土特征,与其他窑系有所区别。第二期是隋唐五代时期,淄博窑系中宋家寨窑、中陈郝窑,出现匣钵、白瓷、茶叶末等瓷业新技术。淄博窑系内部,改进的瓷业技术传播到淄博窑系周边窑口。淄博窑系内部窑口数量比北朝时期有所增加,产品类型也有所增长,这与山东地区人口增长以及外来移民有关。第三期为北宋至金元时期,淄博窑系瓷业技术受到磁州窑系的影响,产品类型趋于丰富。窑系产品类型是以器型与装饰相近的一组产品作为窑业生产的主要类型。淄博窑系在金元时期,器物造型借鉴了北方草原民族器型,与本土器型相结合。淄博窑系在金元时期也具有本土工艺技术与装饰手段,与磁州窑系有区别。

淄博窑系的形成原因与外域瓷业技术传入有关,淄博窑系瓷业生产的不同阶段都有外域瓷业技术传入。淄博窑系具有本土地区的瓷土属性、釉药成分，与其他窑系瓷业原料也有所不同，所以外域技术的传入对淄博窑系产生一定的工艺影响。外域瓷业技术的传播，是以淄博窑系中心窑口为主，工艺技术也可以先传入窑系内部的周边窑口。淄博窑系的形成与山东地区地理格局有重要关系，山东瓷土资源与河流分布在中南部地区，制瓷业需要瓷土与水源条件。淄博窑系早期主要接受南方瓷业技术，北齐以后，主要接受北方瓷业技术。淄博窑系分布地域位于北方地区，南方窑口距淄博窑系较远，相邻河北、河南地区，窑口技术传播便利。所以，淄博窑系受到邢窑、磁州窑技术影响较多。淄博窑系作为北方民间窑业体系，瓷业销售范围的狭小对淄博窑系的发展起到阻碍作用，窑业技术保留了许多原始因素。淄博窑系的形成是以产品类型的本土化特征为依据，不同时期产品的工艺既有外来因素，也有本土工艺因素。

结语

综上所述，淄博窑系的形成是以中心窑口与周边窑口工艺技术、产品类型的同一性为主要因素，窑口分布于集中的瓷业生产区域。淄博窑系的形成是以本土工艺因素为基础，在山东中南部地区，相邻窑口之间共同组成的生产体系，为北方早期民间窑业体系。淄博窑系在北朝至金元时期，所生产产品类型具有外来工艺因素，但也存在本土瓷业工艺与装饰特征，这些共同构成淄博窑系形成的工艺基础。

明初淄博窑生产衰落原因探析

　　摘要：金、元时期，淄博窑是以磁村窑为生产中心，与周边窑口形成的制瓷系统。在生产工艺、产品器类、制瓷技术方面具有相互借鉴与模仿的共性特征，从而形成工艺技术与产品类型相同的瓷业生产集聚。对于淄博窑衰落的具体时代以及原因，改变以往衰落于元代的传统观点[①]，以明初工匠管理制度的改变，以及淄博窑的诸多生产因素归纳其衰落的具体原因。

　　关键词：窑址、淄博窑、装饰手段、产品类型

　　淄博窑作为金、元时期北方的重要窑口，在生产工艺与产品类型上对周边地区的制瓷业产生影响，形成淄博窑系[②]。以淄博窑考古资料为基础，与文献资料相结合，以生产工艺、制瓷制度、

---

① 《山东淄博市淄川区磁村古窑址试掘简报》中认为窑炉废弃于元代。山东淄博陶瓷史编写组：《山东淄博市淄川区磁村古窑址试掘简报》，《文物》，1978 年 6 期。
② 高岩、宗英杰：《关于淄博窑系的探讨》《陶瓷科学与艺术》2016 年 01 期。

战争因素等归纳淄博窑瓷业生产衰落的原因。淄博窑自明初之后，窑址数量、生产规模、产品技术呈衰落的趋势。具体表现在窑厂生产规模缩小、产品器类减少、生产工艺下降等方面。对于淄博窑衰落的具体原因，与淄博窑内部的生产因素、外部的制度因素、产品销售受限有关。

明初淄博窑相比金、元时期衰落的生产特征

淄博窑衰落的生产特征，与金、元时期相比，具有自身特征。首先表现在产品类型的减少。金、元时期淄博窑所生产的白地黑彩以及三彩等品种[①]，明代初期已经不再生产。其次，窑厂数量减少，生产规模收缩。明初，淄博窑是以生产单色釉瓷器为主，改变以往的装饰手段。明初淄博窑生产的产品，大量带有涩圈叠烧工艺痕迹（图1）。产品在器型内底刮釉一圈，器物之间叠烧，以提高装烧产量。由于产品装烧的工艺缺陷，产品与周边

图 1 磁村窑涩圈工艺痕迹

---

① 山东淄博陶瓷史编写组：《山东淄博市淄川区磁村古窑址试掘简报》，《文物》，1978 年 6 期。

窑口相比，已经缺乏市场竞争力。再次，明初淄博窑生产的工艺技术衰退，淄博窑生产工艺并未吸收外来技术因素，在产品的装饰以及装烧工艺上未有改进。由于产品类型生产的减少，在生产工艺上也没有新的借鉴与发展。元代淄博窑产品装饰在技法上具有绘画、刻、划纹，颜色釉等多类装饰手段。明初之后，淄博窑所生产的产品是以黑釉为主，生产的器类多为实用器（图2）。原因在于传统装饰增加了生产成本，在产品销售上不具备市场竞争性。所以，明初之后，淄博窑所生产的产品为实用器，以周边地区作为销售区域，产品不再向其他区域销售。最后，淄博窑所属窑口的瓷土资源枯竭，淄博窑的窑厂以瓷土的分布区域作为建立窑厂的基础。以淄博窑所属的磁村窑

图 2 磁村窑遗址出土黑釉瓷片

为例，磁村窑起源于唐代^①，北宋、金、元时期所使用的窑炉等生产工具一直进行生产。淄博窑瓷土在元代已经有所枯竭，窑炉所具备的使用功能也降低。所以，淄博窑瓷业生产需要迁移至其他窑厂，建立在瓷土矿资源的基础之上。由于明初淄博窑生产的数量与质量均有所下降，窑厂的生产规模也有所缩减。明初，改变元代工匠管理制度，元代淄博窑从事瓷业生产的窑工，摆脱匠籍制的身份束缚，不再从事瓷业生产。元代匠籍制规定

① （明）宋濂《元史》卷一百三志第五十一，清乾隆武英殿刻本 1061 页，北京：中华书局 1976 年。

隶属于工匠的制瓷手工业者，不得脱离工匠身份。"诸匠户子女，使男习工事，女习黹绣，其辄敢拘刷者，禁之。"[①] 明初，淄博窑所属窑厂生产规模的缩减与匠籍制度的废弃也有所关联。淄博窑从事瓷业生产的手工业者开始从事其他行业，从而使淄博窑所属窑厂的工匠流失。

淄博窑衰落的具体时代长期以来被认为是元代，原因归结为元末战争的破坏[②]。金代淄博窑生产瓷器的类型丰富，元代以来，在产品器类与工艺技术方面与金代相比有所衰退。磁村窑遗址第五期产品中，产品类型与工艺装饰多模仿磁州窑（图3）[③]。

图3 元代磁村窑遗址出土白底黑花瓷片

说明元代淄博窑在产品器类与工艺上，并未呈衰落趋势。磁村，明以前名磁窑务，清代改为磁窑坞，《宋史·食货志》："商税，凡州县皆置务，关镇亦或有之。""务"通常是作为地方税收机构所设置。说明明代之前，磁村窑曾设立窑务，专门征收瓷业税。也表明元代淄博窑瓷业产品生产数量巨大，所以专门设立税收机构进行瓷业产品交易的管理。元代京杭大运河的使用，对淄博窑产品的对外输出起到推动作用。在山东境内的瓷业遗存中，均发现有淄博窑产品，也说明淄博窑产品在元代

① 中国硅酸盐学会主编：《中国陶瓷史》，文物出版社，1982年，第137-142页
② 山东淄博陶瓷史编写组：《山东淄博市淄川区磁村古窑址试掘简报》，《文物》，1978年6期。
③ 山东淄博陶瓷史编写组：《山东淄博市淄川区磁村古窑址试掘简报》，《文物》，1978年6期。

的生产数量与产品质量并未呈衰落趋势。明初之后，淄博窑所生产的产品仅于本地流通。元代淄博窑的生产受到工艺技术与消费对象的制约，淄博窑的工艺技术主要来源于相邻的磁州窑。瓷业产品的工艺技术与装饰特征在模仿磁州窑产品类型的基础上，也具有本土的工艺特征。产品的生产成本、销售距离与其他窑口相比，在周边地区具备销售优势。淄博窑所属的磁村窑、博山大街窑、东坡地窑等主要窑口，均发现有元代地层出土的产品遗存，说明淄博窑所属窑厂的生产下限应为元代。明初之后，淄博窑所属的窑口均已停止生产。明代，淄博窑所发现的产品类型，器类较之前有所减少，说明淄博窑产品的销售区域有所减缩。淄博窑的衰落时代应为明代初期。但淄博窑瓷业生产的衰落年代在明代初期，元代淄博窑生产因素对其生产也有所影响。淄博窑的衰落是元代以来，本土区域的生产因素与生产制度对其瓷业生产所造成的限制，而在明初，淄博窑在其产品的工艺生产、销售中均已衰落。明初，淄博窑的衰落对山东地区瓷业也有所影响，山东地区元代的窑口是以淄博窑为中心，山东其他窑口工艺技术多模仿淄博窑。而淄博窑的衰落也使山东其他窑口的生产技术有所下降。

明初淄博窑衰落原因

元代淄博窑产品工艺以及工匠管理制度改变

元代淄博窑产品工艺主要接受磁州窑的影响，本土工艺特征并不明显。所以，长期以来淄博窑的工艺技术主要模仿周边窑口，限制了自身的工艺发展。元代以来，淄博窑的制瓷技术是以本土固有的工艺技术为基础，在生产的器类以及工艺技术上并无发展。原因在于，元代匠籍制度的实行，限制了淄博窑的技术对外交流。淄博窑产品所销售的区域，宋、金以来，集中于生产地周边区域。与相邻的磁州窑相比，在产品的类型与销售范围上有局限。元代，淄博窑所属的窑口，继续使用传统的窑炉与生产工具。窑炉以及生产工具的相对落后，限制了淄博窑工艺的发展与产量的提高。窑厂的生产是以窑炉为中心，以及瓷土资源与手工作坊，共同组成生产单位。窑炉长期使用后，在瓷器的装烧数量、成品的烧制等方面都有所下降。周边区域的瓷土开采也受限制，这些对于淄博窑产品生产的改进与提高都有所阻碍。淄博窑所使用的制瓷窑炉，与生产工具的使用功能已经有所退化，生产有所下降。元代淄博窑在所接受的工艺技术方面受限。元代实行匠籍制度，对区域所属工匠进行统一管理。同时，限制了不同区域工匠之间的技术交流。所以，元代山东地区窑业在工艺技术上主要继承宋、金以来的制瓷业生产技术，在生产的器型、器类、装饰工艺中并无新的发展。由于元代淄博窑的工艺技术一部分借鉴河北磁州窑的生产工艺，元代之后，磁州窑的瓷业生产也开始下降，由于元代蒙古贵族所使用的瓷器多是来自南方地区的龙泉窑、景德镇窑，山东地区的淄博窑作为民间窑厂，并不受到贵族重视。"磁窑二八抽分，至元五年七月初五日，制国用使司来申均州管下各窑户合纳课程。除民户磁窑课程依例出纳，外军户韩玉、冯海、赖军户形势告刘元帅，文字拦当止令将烧到。窑货二十分取一乞施行。制府照得，先钦奉圣旨节文，磁窑、石灰、矾锡、榷课斟酌定立课程钦此，兼磁窑旧例二八抽分。办课难同三十分取一，除已移咨枢密院行下合属，将合纳课程照依旧例办，课外仰照验钦依施行。"^①说明元代对民间窑厂的管理，对窑业的生产也收取一定的税赋。同时对于淄博窑产品生产单一，销售区域局限的窑口，匠籍制度限制其生产规模。淄博窑是以磁村窑为中心，由于北宋至金代，山东地区制瓷业是以淄博窑为中心区域；产品生产的类型，山东其他窑口也是以淄博窑产品为模仿对象。淄博窑自元代之后，产品类型已经向实用功能类型变迁，不再注重器型的装饰，所以淄博窑以及周边的窑口，在明初之后，仅生产少数民间实用类产品。明初，匠籍制度的废除，使制瓷工匠脱离匠籍，造成淄博窑制瓷工匠的流失。

---

① （元）佚名《元典章》户部卷八典章二十二，元刻本 455 页，北京：中华书局，2011 年。

明初其他窑口瓷业产品冲击及战争因素影响

元代注重瓷器的外销与海外贸易，南方瓷器销售对北方瓷器具有一定的冲击。南方景德镇窑首先使用二元配方工艺，改变了胎土配方工艺。北方磁州窑在生产工艺上与淄博窑相比，具备自身的工艺体系，在产品质量与生产数量上超过淄博窑。元代山东地区的瓷器贸易与金代不同，南方的瓷业产品大量销售至山东地区。山东地区元代墓葬中出土的瓷器产品，以景德镇青白瓷与龙泉窑青瓷产品为主要类型[①]。南方窑口的瓷业产品在制瓷原料与工艺水平上，相比较淄博窑产品而言，在实用与装饰性上具有商品竞争性。淄博窑衰落的原因，主要是产品类型的单一，注重器物的实用功能而在装饰技术上有所下降。元代，南方窑口瓷业产品向山东地区销售的数量相对不大。原因在于，北方地区以磁州窑为中心以及其他北方窑口瓷业生产规模以及产品数量相对较大。南方窑口以景德镇窑与龙泉窑为主要制瓷区域，产品在工艺装饰中除烧造传统的釉色产品外，新工艺产品中的青花、釉里红等类型生产数量较少，对北方的产品销售冲击不大。明代初期，景德镇窑青花瓷器生产的数量大为增加，与山东地区所生产的产品相比较，产品烧制以及装饰工艺较高。明初景德镇窑已经开始大量生产青花瓷器，作为大宗产品销往全国，所以山东淄博窑在瓷业产品的销售范围中受到限制。明

---

① 张元.《山东地区宋金墓葬出土瓷器研究》，对山东本土窑口产品做过统计。

初淄博窑周边的磁州窑，瓷业生产数量与水平均已超过淄博窑，磁州窑与淄博窑在产品类型上具有互补性。磁州窑产品通过陆路输出，对淄博窑系产品的销售产生冲击。元末战争导致元朝政府对山东地区的控制力有所下降，战争也导致瓷业产品的生产与销售有所下降。元代晚期，山东地区作为主要战场，对山东地区的制瓷业生产起到阻碍作用。元末战争使淄博窑工匠逃离本土，对瓷业的生产与销售带来毁灭性影响。明初，向山东地区进行大规模移民，说明元末战争对山东地区经济的破坏，以及所造成的人口大量流失。淄博窑所生产的瓷器产品主要销售于周边区域，所以，元末战争所导致的人口流失，也对产品的销售范围起到阻碍作用。

结语

通过对淄博窑的考古遗存的归纳与比较研究，淄博窑的衰落时代应为明代初期，原因在于元代以来匠籍制度的束缚，窑口之间工艺技术的交流受阻。元末战争因素的影响使淄博窑制瓷工艺有所衰退。在销售区域上，南方瓷业产品对本土的固有产品有所冲击。这些原因在瓷业生产与销售上均对淄博窑瓷业的工艺技术衰退有所影响。

参考文献：

1. 中国硅酸盐学会 . 中国陶瓷史 [M]. 北京：文物出版社，1982:257.

2. 冯先铭 . 中国陶瓷 [M]. 上海：上海古籍出版社，1997:89.

3.（清）蓝浦 . 景德镇陶录 [M]. 清嘉庆二十年本 . 济南：山东画报出版社 2004:345.

4. 陈成 . 山海经译注 [M]. 上海古籍出版社 2008:128.

5.（北宋）李昉、李穆、徐铉等 . 太平御览 [M]. 第二册，中华书局 1997:223.

6.（明）宋濂 . 明史 [M]. 卷六十七《志第四十三，舆服三》，中华书局 1974:(6)，1647.

7.（明）刘惟谦等撰 . 大明律 [M]. 刘惟谦等撰江苏广陵古籍刻印社影印 1989:123.

8. 柳彤 . 明代万通墓金执壶纹样新解 [J]. 首都博物馆论丛 ,2013,(12).

9. 纳春英 . 浅谈明朝的赐服形象 [J]. 文史知识，2008,(1).